18세기
어느 천문학자 집안의
흥망성쇠 이야기

18세기
어느 천문학자 집안의
흥망성쇠 이야기

초판 1쇄 인쇄 2024년 11월 18일
초판 1쇄 발행 2024년 12월 2일

–

기 획 한국국학진흥원
지은이 경석현
펴낸이 이방원

책임편집 박은창   **책임디자인** 손경화
마케팅 최성수·김 준   **경영지원** 이병은

–

펴낸곳 세창출판사

　　신고번호 제1990-000013호 **주소** 03736 서울특별시 서대문구 경기대로 58 경기빌딩 602호
　　전화 02-723-8660 **팩스** 02-720-4579 **이메일** edit@sechangpub.co.kr **홈페이지** http://www.sechangpub.co.kr
　　블로그 blog.naver.com/scpc1992 **페이스북** fb.me/Sechangofficial **인스타그램** @sechang_official

–

ISBN 979-11-6684-381-5 94910
　　　　979-11-6684-164-4 (세트)

한국국학진흥원 전통생활사총서 38

18세기
어느 천문학자 집안의
흥망성쇠 이야기

경석현 지음
한국국학진흥원 기획

세창출판사

한국국학진흥원에서는 2022년부터 문화체육관광부의 지원으로 전통생활사총서 사업을 기획하였다. 매년 생활사 전문 연구진 20명을 섭외하여 총서를 간행하기로 했다. 지난해에 20종의 총서를 처음으로 선보였다. 전통시대의 생활문화를 대중에 널리 알리기 위한 여정은 계속되어 올해도 20권의 총서를 발간하였다.

한국국학진흥원은 국내에서 가장 많은 약 65만 점에 이르는 민간기록물을 소장하고 있는 기관이다. 대표적인 민간기록물로 일기와 고문서가 있다. 일기는 당시 사람들의 일상을 세밀하게 이해할 수 있는 생활사의 핵심 자료이고, 고문서는 당시 사람들의 경제 활동이나 공동체 운영 등 사회경제상을 이해할 수 있는 자료이다.

한국의 역사는 '조선왕조실록'이나 '승정원일기'와 같이 세계적으로 자랑할 만한 국가기록물의 존재로 인해 중앙을 중심으로 이해되어 왔다. 반면 민간의 일상생활에 대한 이해나 연구는 관심을 덜 받았다. 다행히 한국국학진흥원은 일찍부터 민간

에 소장되어 소실 위기에 처한 자료들을 수집하고 보존처리를
통해 관리해 왔다. 또한 이들 자료를 번역하고 연구하여 대중에
공개했다. 이러한 민간기록물을 활용하고 일반에 기여할 수 있
는 방법으로 '전통시대 생활상'을 대중서로 집필하여 생생하게
재현하여 전달하고자 했다. 일반인이 쉽게 읽을 수 있는 교양학
술총서를 간행한 이유이다.

  총서 간행을 위해 일찍부터 생활사의 세부 주제를 발굴하는
전문가 자문회의를 개최하고, 전통시대 한국의 생활문화를 가
장 잘 구현할 수 있는 핵심 키워드를 선정하였다. 전통생활사
분류는 인간의 생활을 규정하는 기본 분류인 정치, 경제, 사회,
문화로 지정하였다. 이를 기반으로 매년 각 분야에서 핵심적
인 키워드를 선정하여 집필 주제를 정했다. 이번 총서의 키워드
는 정치는 '과거 준비와 풍광', 경제는 '국가경제와 민생', 사회는
'소외된 사람들의 삶', 문화는 '교육과 전승'이다.

  각 분야마다 5명의 집필진을 해당 어젠다의 전공자로 구성
하였다. 어디서나 간단히 들고 다니며 쉽게 읽을 수 있도록 최
대한 이야기체 형식으로 서술해 달라고 부탁하였다. 다양한 사
례의 풍부한 제시와 전문연구자의 시각이 담겨 있어 전문성도
담보할 수 있는 것이 본 총서의 매력이다.

  전문적인 서술로 대중을 만족시키기는 매우 어렵다. 원고

의뢰 이후 5월과 8월에는 각 분야의 전공자를 토론자로 초청하여 2차례의 포럼을 진행하였다. 11월에는 완성된 초고를 바탕으로 1박 2일에 걸친 대규모 학술대회를 개최하였다. 포럼과 학술대회를 바탕으로 원고의 방향과 내용을 점검하는 시간을 가졌다. 원고 수합 이후에는 각 책마다 전문가 3인의 심사의견을 받았다. 2024년에는 출판사를 선정하여 수차례의 교정과 교열을 진행했다. 책이 나오기까지 꼬박 2년의 기간이었다. 짧다면 짧은 기간이다. 그러나 2년의 응축된 시간 동안 꾸준히 검토 과정을 거쳤고, 토론과 교정을 통해 원고의 완성도를 높이기 위해 분주히 노력했다.

전통생활사총서는 국내에서 간행하는 생활사총서로는 가장 방대한 규모이다. 국내에서 전통생활사를 연구하는 학자 대부분을 포함하였다. 2023년도 한 해의 관계자만 연인원 132명에 달하는 명실공히 국내 최대 규모의 생활사 프로젝트이다.

1990년대 이후 폭발적으로 증가했던 일상생활사와 미시사 연구에 대한 학계의 관심이 근래에는 소홀해진 상황이다. 본 총서의 발간이 생활사 연구에 활력을 불어넣는 계기가 되기를 기대한다. 연구의 활성화는 연구자의 양적 증가로 이어지고, 연구의 질적 향상 또한 이끌 것이다. 그렇게 된다면 전통문화에 대한 대중들의 관심 역시 증가할 것으로 기대한다.

본 총서는 한국국학진흥원의 연구 역량을 집적하고 이를 대중에게 소개하기 위해 기획된 대표적인 사업의 하나이다. 참여한 연구자의 대다수가 전통시대 전공자이며 앞으로 수년간 지속적인 간행을 준비하고 있다. 올해에도 20명의 새로운 집필자가 각 어젠다를 중심으로 집필에 들어갔고, 내년에 또 20권의 책이 간행될 예정이다. 앞으로 계획된 총서만 100권에 달하며, 여건이 허락되는 한 지속할 예정이다.

대규모 생활사총서 사업을 지원해 준 문화체육관광부에 감사하며, 본 기획이 가능하게 된 것은 한국국학진흥원에 자료를 기탁해 준 분들 덕분이다. 다시 감사드린다. 아울러 총서 간행에 참여한 집필자, 토론자, 자문위원 등 연구자분들께도 감사인사를 전한다. 책의 편집을 책임진 세창출판사에도 감사드린다. 이 모든 과정은 한국국학진흥원 여러 구성원의 노력이 있었기에 가능했다.

2024년 11월
한국국학진흥원 인문융합본부

들어가는 말

　이 책에서는 18세기 중반에 활동했던 관상감觀象監의 중인中人 천문학자 문광도文光道(1727-1775)의 행적을 통해 조선시대의 천문학 교육과 천문 지식의 전승에 관해 알아보고자 한다. 조선 시대 천문학 교육과 지식의 전승에 관해 살펴보면서, '문광도'라 는 인물에 주목하는 이유는 무엇일까.

　조선왕조의 천문학 교육과 지식의 전승은 크게 세 역사 공 간에서 이뤄졌다. 우선, 조선 정부의 공식적인 천문학 교육은 관상감에서 담당했다. 국초 이래 조선 정부는 안정적인 관상감 운영과 천문·역산학 업무 수행을 위해 인재 양성 및 교육에 관 한 제도를 꾸준히 정비했고,[1] 그 결과 18세기 무렵에는 완천完薦 을 통한 생도 입속, 음양과 입격, 삼력관三曆官 취재, 겸교수兼敎授 승진 및 천전遷轉 등이 모두 일정한 교육과 시험(또는 평가)을 바 탕으로 체계적으로 이루어지게 되었다.[2] 보증인의 추천을 통해 완천을 거쳐야 생도가 될 수 있었고, 전문적인 교육과 현장 실 습을 거쳐 음양과에 합격해야 관상감 관원이 될 수 있었다. 관 상감 관원이 된 이후에는 정기 시험에서 우수한 성적을 거둬야 삼력관 자격을 얻을 수 있었고, 오랜 기간 실력을 인정받아야 겸교수 자리를 거쳐 참상관參上官으로 천전할 수가 있었다. 관상 감 관원은 이러한 일련의 과정을 거치면서 천문·역산학에 대한 전문적인 교육을 받았고, 부여된 측후測候와 역산曆算 업무를 수 행했으며, 체득한 전문 지식과 노하우를 후임자(또는 후배 세대)에 게 전수해 주었다. 요컨대 조선 정부의 공식적인 천문학 교육과 지식의 전승은 천문학 담당 관서였던 관상감을 통해서 이루어 졌다고 할 수 있다.

그러나 관상감 관원들만이 천문학 지식을 전유했던 것은 아 니다. 18세기 일군의 양반 사대부 지식인은 천문학 지식과 담 론을 일종의 교양 지식으로 간주하며 폭넓게 생산하고 유통하 고 소비했다. 천문학에 높은 관심을 보였던 양반 사대부 지식인 으로는 근기남인게 성호학파 내의 일부 학자들, 달성서씨가 출 신의 관료 학자들, 서인 노론 낙론계 북학파 학자들이 꼽힌다.[3] 이들은 당대에 유통되었던 최신의 천문학 지식을 섭렵하며 나 름의 경세론經世論을 펼쳤던 인물들이다. 그들은 각자의 인식론 과 세계관에 따라 다양한 방식으로 천문학 지식과 담론을 소화 하고 재생산했다. 물론 이때의 천문학 지식이란 관상감 관원이 측후 및 역산에 활용한 그 지식보다 폭넓은 천문·역산학, 지리 학, 수학, 역학, 상수학 등을 아우르는 광의의 천문학 지식을 의미한다.

한편, 민간에서도 천문학 지식이 유통되었다. 이것은 대개 천문·기상 현상의 예측과 점후占候에 관한 세시풍속이 일반적이다. 대부분의 농사일이 월령月令에 맞게 이뤄졌던 만큼 민간에서는 농업과 관련된 천문·기상 문화가 오래전부터 형성되어 있었다. 그런데 보다 흥미로운 내용은 술수術數와 참위讖緯 지식이다. 관련 연구에 따르면, 18·19세기 민간에는 이른바 '정감록鄭鑑錄' 류의 술수·참위 지식이 광범위하게 퍼져 있었다고 한다.[4] 대체로 다양한 천문·기상 이변을 근거로 정변政變이나 국가적 위기 등을 예언하거나, 풍수설을 바탕으로 '진인眞人의 등장'이나 '전읍奠邑(鄭)의 흥기' 등을 전망하는 것이었다. 문제는 이러한 초현실적인 예언이나 전망이 실제로 반역사건을 추동하는 기폭제로 작용했었다는 점이다. 이처럼 조선에서 천문학 지식은 관상감, 양반 사대부 지식인 사회, 민간의 세 역사적 공간에서 교육 및 전승되었고, 생산·유통·소비되었으며, 문화적으로 영위되었다고 할 수 있겠다.

그런데 '문광도'라는 인물을 통해서는 이러한 세 역사적 공간에서 전개된 천문 관련 활동을 모두 살펴볼 수가 있다. 첫째, 문광도는 18세기 중엽 관상감의 엘리트 관원이었다. 그는 영조 3년(1727) 11월 29일(신사) 생生으로 18세 때인 영조 20년(1744)

2월에 완천되어 관상감 생도가 되었고, 이후 관상감 생도로서 9년간의 교육 및 실습 과정을 거쳐 영조 29년(1753) 27세의 나이로 음양과 식년시에 장원으로 합격해 정식 관상감 관원이 되었다. 영조 37년(1761) 관상감 정正을 거쳐 동 43년(1767)에 천문학 겸교수가 되었고, 2년 후에 참상직으로 천전[승육]하여 의영고 주부를 역임한 후 영조 49년(1773) 그의 나이 47세에 함흥에 감목관監牧官으로 나갔다. 삼력관이 된 것은 천전 직후인 영조 46년(1770) 그의 나이 44세 때였다.

관상감의 모든 관원이 이러한 관력을 밟았던 것은 아니다. 특히나 통상 수령이 되기 전에나 거치던 감목관에 나간 음양과 출신의 관원은 소수에 불과했다. 음양과에 장원으로 합격했다는 점에서도 짐작할 수 있듯이, 문광도는 18세기 관상감 관원으로서, 뛰어난 실력을 바탕으로 우수하고 모범적인 관직 생활을 했다고 할 수 있다. 이 점에서 문광도는 당시 관상감에서 이뤄진 천문·역산학 교육을 체계적으로 받은 인물이라고 할 수 있고, 그래서 그의 관직 이력을 단계별로 추적해 보면, 당시 관상감의 교육과 평가, 승진체계 전반을 엿볼 수가 있다.

둘째, 문광도는 양반 사대부 지식인과도 학문적으로 교류했다. 문광도는 사인士人 홍양해洪量海로부터 수학과 천문학을 배웠고, 서호수에게 수학과 천문학을 가르쳤다. 그리고 황윤석도 문광도의 영향을 적잖게 받았던 것으로 보인다. 문광도의 실력은 신분을 초월할 정도로 우수했으며, 문광도의 천문학 지식은 관상감에서 측후 및 역산 업무를 수행하는 데에만 활용되었던 것이 아니라 양반 사대부가 천문학 지식 및 담론을 재생산하는 데에도 일정 부분 소비되었다. 따라서 문광도가 양반 사대부와 교류했던 내용들을 분석해 보면 당시 유통되었던 천문학 지식과 담론을 살펴볼 수 있을 것이다.

셋째, 문광도 사후에 일어난 정조 9년(1785) 2월의 홍복영洪福榮 옥사 사건에 문광도의 형제와 조카가 핵심 인물로 가담했다가 처형당했다. 홍복영 옥사 사건의 핵심 인물인 문양해文洋海는 문광도의 친형제 문광겸文光謙의 아들이었고, 문광도·문광겸 형제는 옥사 사건의 또 다른 주모자였던 양형梁衡과는 외사촌 사이였다. 당시의 심문 기록을 보면, 이들은 천문, 지리, 풍수, 역리易理 등에 통달한 인물들이었고, 홍국영洪國榮이 축출당한 이후 정치적으로 몰락한 홍복영과 역모를 꾸몄고, 술수와 풍수에 관한 이야기로 사람들을 현혹시켰다고 한다.[5] 천문·재이, 참위, 술수 등과 관련된 지식과 그에 대한 믿음이 역모의 구상이나 비밀결사를 조직하는 데에 일정한 역할을 했었다는 것이다. 문광도와의 인연도 확인되는데, 문광도가 함경도 문천에 감목관으로 나가 있을 때(1773-1775) 천문과 역리에 밝았던 주형채·양형

등과 교류를 했었다고 한다. 물론 이것만으로 문광도가 생전에 역모에 관하여 알고 있었다고 단정할 수는 없다. 다만, 문광도· 문광겸 형제가 처음 천문학을 학습한 경로는 유사하지 않았을 까 하는 생각이다. 두 형제는 같은 가정환경에서 성장하며 천문 학을 학습했을 텐데, 누구는 음양과에 합격하여 관상감 관원이 되어 양반 사대부와 교류했고, 또 누구는 세상을 한탄하며 비밀 결사를 조직하는 데에 천문학 지식을 썼다는 점이 흥미롭다. 아 무튼 '문광도'라는 매개를 통해서라면 18세기 후반 민간에서 유 행했던 천문·재이, 풍수, 참위, 술수 등과 관련된 지식에도 접 근할 수가 있을 것이다.

이 책의 본문은 4장으로 구성되어 있다. 제1장에서는 문광 도의 가계를 분석하여 문광도 집안이 역관에서 전향한 배경과 그 의미를 살펴본다. 문광도의 가계를 보면 그가 역관 집안 출 신이라는 점이 눈에 띈다. 조선 후기 관상감 관원의 인적 구성 을 보면 폭넓은 친인척 관계로 얽혀 있다는 특징을 발견할 수가 있다.[6] 대를 이어 전공을 세전世傳하는 것이 일반적이었는데, 그 가 역관 집안 출신이라는 점은 특기할 만한 사항이다. 여기에 서 주목되는 점은 두 가지이다. 하나는 문광도가 본인 대에 와 서 전공을 바꾼 연유이고, 다른 하나는 17-18세기 연행을 통해 유입된 천문학 지식이다. 특히, 후자와 관련하여 문광도의 조부

와 부친은 숙종 대 후반부터 영조 대 전반까지 청淸 사행에 참여
했던 인물들이고, 그 시기(숙종 후반-영조 전반) 그들이 사행을 통
해 접했을 내용들이 간접적으로 문광도에게 전해지지 않았을
까 하는 추정이 가능하다. 이 연장에서 17-18세기 연행을 통해
주로 어떤 서양 천문 지식이 유입되었는지 살펴보고자 한다.

제2장에서는 문광도의 관력을 짚어 가며 관상감의 직제와
승진 및 교육체계를 알아볼 것이다. 크게 음양과 합격을 기준
으로, 관상감 생도가 되기 위한 절차, 생도 시절에 받는 교육 및
실습 내용을 살펴보고, 다음으로 음양과에 합격하여 관상감 관
원이 된 이후 삼력관이 되고 또 정正과 훈도訓導를 거쳐 겸교수
가 되어 천전하는 관력을 차례로 검토할 예정이다.

제3장에서는 관상감 업무 영역에서의 천문학 지식과 사대
부 지식인의 학문으로서의 천문학 지식을 각각 살펴볼 것이다.
이른바 '천문학의 업業과 학學'이다. 문광도는 관상감 관원으로
서 오랫동안 관상감 업무를 보았다. 아마도 관상감의 기본적인
업무들은 모두 거쳤을 것으로 보인다. 문광도가 담당했을 것으
로 보이는 업무들을 따라 조선 초기 이래로 관상감에서 관장했
던 업무들, 측후, 역서 편찬, 일월식 예보, 시보時報, 천문의기 정
비 사업 등을 검토할 것이다. 그리고 문광도가 참여했을 것으로
보이는 영조 대 중후반의 사업들도 살펴보려고 한다. 앞서도 언

급했듯이 문광도는 사대부 지식인과도 교류했다. 교류했던 인물로는 달성서씨 서명응, 서호수, 서형수가 있고, 황윤석과도 인연이 있었다. 참고로 18세기 후반 중인 기술직 관료와 양반 사대부의 학문 교류에 대해서는 적지 않은 연구에서 밝힌 내용이기도 하다.[7]

제4장에서는 홍복영 옥사 때 처형된 문광겸·문양해 부자의 천문 지식에 대해 살펴볼 예정이다. 이들이 민간에서 공유한 천문 지식은 중국 후한後漢 이후 유행한 참위적 재이설의 형태이며, 내용적으로는 분야설分野說의 일종이라고 할 수 있다. 관상감에서 천문현상을 해석할 때 주로 활용하는 『개원점경開元占經』이나 『경방역전京房易傳』, 『관상완점觀象玩占』 등과 같은 서적이 원출처일 것으로 보이고, 이것이 정감록류의 비기에 발췌 및 재편집되어 공유되었을 것으로 추정된다. 그래서 여기에서는 18세기 후반에는 어떠한 천문지식들이 민간에서 공유 및 유행했고, 이것의 사회문화적 의미는 무엇인지를 주로 논의하게 될 것이다.

학문으로서 역사학은 마땅히 사료에 근거해야 하겠지만, 특히나 미시사微時史적 연구에서는 사료에 대한 의존도가 높을 수밖에 없다. 연구의 대상을 현미경으로 자세히 들여다보듯 사실적으로 생동감 있게 그려 내야 하는 것이 미시사적 연구인데,

이를 뒷받침해 주는 사료가 없다면 많은 부분을 상상할 수밖에 없고, 그렇게 되면 그것은 역사학 연구라고 할 수 없을 것이다. 이런 면에서 '문광도'라는 인물이 미시사적 연구에 적합한 대상은 아니다. 문광도에 관한 사료가 절대적으로 부족하기 때문이다. 사실 모두冒頭에서 "'문광도'라는 중인 천문학자의 삶을 통해 …"라고 했지만, 그의 삶을 파악할 수 있는 자료는 잡과방목雜科榜目과 관상감 관원에 관한 각종의 선생안先生案이 전부다. 그가 언제 누구에게서 어떤 내용을 배웠는지, 관상감에 입속해서는 어떤 교육을 받았는지, 또 어떤 업무를 보았고 어떤 경험을 했는지 등을 직접적으로 알려 주는 사료는 없다. 그래서 18세기 관상감 운영에 관한 일반적인 사항과 문광도의 행적을 비교하여 당시의 상황을 합리적으로 추론하는 방식이 현재로서는 최선의 설명법이라고 할 수 있다. 조각으로 존재하는 사료들을 효과적으로 엮어 나름의 '그럴 법한 상상'을 하는 수밖에는 없을 듯하다.

1
___

역관 집안에서 나온
천문학자

역학에서 천문학으로 전향

　문광도의 가계와 관력은 『운관선생안雲觀先生案』이 참고된다.
『운관선생안』은 관상감 관원 중에서 판관判官 이상의 관직을 지
낸 관원들의 가계와 관력을 간략히 적은 관원 명부이다. 현재는
17세기 후반부터 19세기 후반까지 약 200년간의 기록이 남아
전해지고 있다. 『운관선생안』에는 해당 관원의 생년生年, 자字,
음양과陰陽科 합격 시기, 부父·조祖·증조曾祖·외조外祖의 직함, 본
관本貫 그리고 관상감에서 지낸 관직 이력이 기재되어 있다. 그
래서 조선 후기 관상감 관원의 가계와 관력을 살펴보는 데에는
『운관선생안』이 많은 도움을 준다.

『운관선생안』에 따르면, 문광도의 본관은 남평南平이고, 생년은 영조 3년(1727)이며, 부친은 사역원司譯院에서 관직 생활을 한 문백령文百齡, 조부는 역과譯科 출신의 문익창文益昌, 증조부는 사역원에서 판관判官을 지낸 문상준文尙俊, 그리고 외조부는 전의감典醫監에서 정正을 역임한 해주海州가 본관인 이수견李壽堅이다. 문광도는 영조 29년(1753) 음양과 식년시에서 장원했으며, 수리數理로 이름이 나 삼력관三曆官에 특별히 천거(別薦)되었고, 겸교수와 의영 주부義盈主簿, 문천文川 감목관監牧官 등을 역임했다.[8]

문광도의 관력은 뒤에서 자세히 살펴보기로 하고, 우선 그의 가계를 보면 한 가지 주목되는 점이 있는데, 바로 사조四祖의 출신이다. 문광도의 부친과 조부 및 증조부는 모두 역관譯官이었고, 외조부는 의원醫員이었다. 역과 합격자 명부인 『역과방목譯科榜目』에 따르면, 문광도의 부친 문백령은 숙종 17년(1691)에 태어나 23세 때인 숙종 39년(1713)에 역과에 합격했고, 조부 문익창은 현종 13년(1672)에 태어나 25세 때인 숙종 22년(1696)에 역과에 합격했다.[9] 증조부 문상준은 『역과방목』에서는 확인되지 않지만, 문익창의 기록에서 사역원 판관을 지냈다는 사실을 알 수 있다. 또 외조부 이수견은 현종 10년(1669)에 태어나 22세 때인 숙종 16년(1690)에 의과醫科에 합격해 의원으로 활동했던 인물이다.[10]

조선 후기 기술직 중인은 세전성世傳性이 강했다고 한다.[11] 쉽게 말해, 아버지나 할아버지가 역과 출신의 역관이었다면 대개 본인도 대를 이어 역과를 거쳐 역관으로 진출했다는 것이다. 대체로 17세기 이후 잡과雜科의 기술직이 가학家學으로 세전 되면서 이들이 조선 후기의 기술직 중인 계층으로 자리 잡게 된 것으로 보고 있다.[12] 이러한 사회적 배경에서 문광도 또한 부친-조부-증조부의 전공인 역학을 배워 역관으로 진출했을 법도 한데, 음양과를 거쳐 관상감 관원으로 진출했다는 점이 흥미롭다. 문광도는 어떠한 연유에서 가학, 즉 역학이 아닌 천문학을 전공하게 되었을까.

현재 남아 있는 『운과방목』에서는 숙종 39년(1713)부터 고종 16년(1879)까지 약 800명의 음양과 합격자가 확인된다. 이 중 부친의 신분과 출신이 확인되는 인물이 351명인데, 부친의 출신이 음양과인 인원이 237명이고, 나머지 114명은 다른 잡과 출신(86명)이거나 문무과 또는 생진 출신(28명)이라고 한다.[13] 그러니 18·19세기 음양과 합격자 중, 좁게 보면 14% 정도(800명 중 114명) 넓게 보더라도 32% 정도(351명 중 114명)는 문광도와 같이 부친의 전공이 천문학(음양과)이 아니었음에도 본인 대에 와서 전공을 운과雲科로 바꿨던 것이라고 할 수 있다.[14]

가장 개연성이 높은 설명은 장인 전덕윤田德潤의 주선이다.

18세기의 기술직 중인은 대부분 기술직 집안끼리 통혼通婚했다.[15] 대개 같은 전공의 집안끼리 결혼을 했지만, 다른 전공 출신과 결혼하는 경우도 적지 않았다. 그리고 이렇게 다른 전공의 중인 집안과 인척 관계를 맺으면, 이를 따라 전공을 바꾸는 경우도 종종 있었다.

문광도는 전덕윤의 딸과 혼인을 했는데,[16] 장인 전덕윤이 바로 관상감 관원이었다.[17] 문광도는 18살 때인 영조 20년(1744)에 완천되어 관상감에서 생도 생활을 시작했다.[18] 만약 문광도가 관상감에 입속하기 전에 전덕윤의 딸과 혼례를 올렸다면,[19] 장인 전덕윤을 통해 천문학을 공부하고 관상감 생도가 되었을 가능성이 높다. 특히, 관상감에 생도로서 입속하려면 신분 보증을 서 주는 보거인保擧人이 세 명 있어야 했는데,[20] 장인이 관상감 관원이었다면 신분 보증인으로서는 최적이었을 것이다. 참고로 전덕윤의 또 다른 딸은 관상감 관원 최광빈崔光賓과 혼인을 했다.[21]

문광도는 전덕윤의 사위가 됨으로써 당시 많은 관상감 관원과 친인척 관계를 맺을 수가 있었다. 우선 전덕윤의 형인 전덕우田德雨도 관상감 관원이었다. 전덕우는 숙종 46년(1720) 음양과 식년시에서 장원하여, 겸교수 직을 통해 동반 정직으로 천전한 후 감목관까지 지냈다.[22] 또 전덕우의 장인 조태정趙泰鼎은 관상

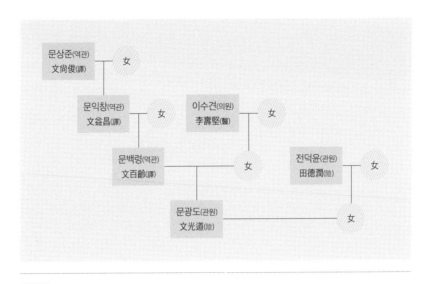

그림1 문광도 가계도

감에서 삼력관과 구임을 지냈고,[23] 조태정의 세 아들 이수頤壽·
창수昌壽·필수必壽도 모두 음양과를 거친 관상감 관원이었다.[24]
그리고 조태정의 외손자가 18세기 전반 관상감 내에서 우수한
실력을 바탕으로 상당한 지위에 올랐던 이덕성李德星이었다.[25]
이덕성 또한 당시 많은 관상감 관원들과 친인척 관계를 맺고 있
었는데, 이덕성의 부친 이시완李始完이 관상감 관원 출신이었고,
이덕성의 사위 안사언安思彦은 조부 안국빈安國賓과 부친 안성
신安聖臣의 뒤를 이어 3대째 관상감 관원으로 활동한 인물이었

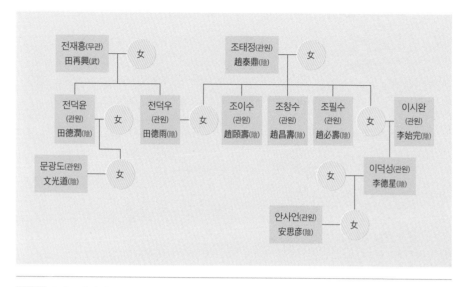

그림 2 문광도와 전덕윤의 인물관계

다. 또 안사언의 형제 사일思一·사행思行·사덕思德 모두가 음양
과 출신의 관상감 관원이었고, 이 중 안사행은 관상감 관원 김
태서金兌瑞의 사위이기도 했다. 즉, 문광도는 장인 전덕윤과 그
의 형 전덕우를 통해 많은 관상감 관원과 친인척 관계를 맺을
수가 있었다. 장인 전덕윤을 통해 형성한 관상감 내의 광범위한
친인척 관계는 문광도가 안정적으로 관원 생활을 하는 데에 든
든한 배경이 되었을 것이다.

　한편, 문광도를 천문학자의 길로 이끈 또 다른 인물로 사인

홍양해가 있다. 홍양해는 당대 수학 분야 최고 실력자였다고 평가받는 인물이다. 여러 기록에서 문광도는 홍양해로부터 수학을 배웠다고 전한다.[26] 그는, 본관은 남양南陽이고, 경종 4년 (1724) 2월 12일 생이며 경기도 고양에서 태어나 한성 아현제에서 어린 시절을 보냈다.[27] 가계를 보면, 친가 쪽으로는, 증조부가 홍수헌洪受瀗, 조부가 홍우해洪禹諧, 부친이 홍계백洪啓百이고, 외가 쪽으로는 부친 홍계백의 외조부는 이여李畬, 홍양해의 외조부는 조태채趙泰采이다.

홍양해는 18세기 호락논쟁湖洛論爭에서 호론湖論을 이끌었던 호서湖西 산림山林으로 알려져 있다.[28] 호락논쟁은 권상하權尙夏 문하의 강문팔학사江門八學士 사이에서 일어났는데, 요컨대 인의예지신仁義禮智信의 오상五常을 금수禽獸도 갖느냐 못 갖느냐 하는 문제, 또 심체心體에 기질氣質이 있느냐 없느냐 하는 문제 등을 주제로 토론하였고 시비가 쉽게 가려지지 않았다. 한원진韓元震과 이간李柬 사이에서 논쟁이 일어났을 때 권상하가 한원진의 학설을 지지했고, 논쟁은 더욱 확대되어 한원진의 설, 즉 인물성이론人物性異論을 지지하는 윤봉구尹鳳九·최징후崔徵厚·채지홍蔡之洪 등 호서湖西 학자들과 이간의 설, 즉 인물성동론人物性同論을 지지하는 이재李縡·박필주朴弼周·어유봉魚有鳳 등 낙하洛下 학자들로 나누어졌다.[29]

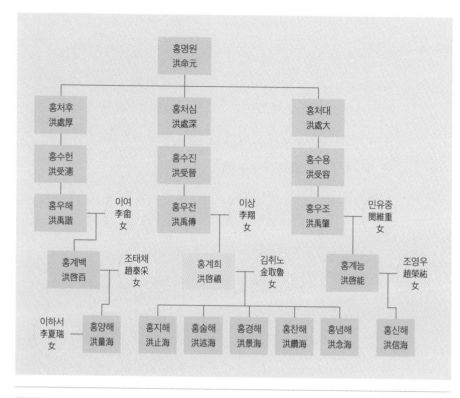

그림 3 홍양해 가계도

　한편, 홍양해는 정조 2년(1778) 7월 서명완徐命完의 고변告變 사건에 연루되어 대역부도大逆不道의 죄목으로 처형당했는데,[30] 당시 관련자들의 심문 기록을 보면, 홍양해의 부친 홍계백은 이 재의 제자였고, 홍양해는 한원진의 제자였다고 한다. 부자가 서로 정치·사상적으로 대척에 있던 스승을 따랐다는 것인데, 추정컨대 호락논쟁이 일어났을 때 홍계백·홍양해 부자가 서로 이기론理氣論 논쟁을 벌였고, 부친 홍계백은 이재의 설을, 아들 홍양해는 한원진의 설을 각각 지지하였던 것으로 보인다.[31]

그런데 홍양해가 호서산림으로서 호론을 이끈 것은 충청도 지역으로 거처를 옮긴 이후의 일이고, 젊어서는 부친의 영향 아래 서울에서 낙론계 인사와 교류하며 학문 활동을 했던 것으로 보인다.[32] 『사실기』에 따르면, 홍양해 집안은 영조 19년(1743) 그의 나이 20세 무렵 조부 홍우해의 사망을 계기로 집안이 모두 충청 지역으로 옮긴 듯하다. 특히, 참봉參奉 강규환姜奎煥이 얻어 준 『외당문답巍塘問答』과 『경의기문록經義記聞錄』을 보고서[33] 누구를 스승으로 삼는 것이 의리義理의 바름인지 알게 되었다고 하면서 "남당 한원진은, 나이는 많고 덕德은 높으며 의리는 순정합니다. 또 호서(西湖)는 본디 물산이 풍부하다(魚稻)고 칭하며, 저 또한 저잣거리에서 사는 것이 싫으니 시골로 내려가서 부모 봉양하고 스승 모시며 사는 것이 어떻겠습니까"라고 할머니(淑夫人 德水李氏)께 여쭈어 의논한 후에[34] 가족과 함께 거처를 서울에서 충청도로 옮겼다.[35] 그래서 만약 문광도와 홍양해의 만남이 있었다면 홍양해가 충청도로 거처를 옮기기 전인 1724-1743년 사이 서울에서 이루어졌을 것이다. 문광도가 관상감에 입속한 게 영조 20년(1744)의 일이니 입속하기 전 서울에서 홍양해로부터 수학을 배워 관상감에 입속한 것이라고 추정해 볼 수 있겠다.

홍양해는 어려서부터 수학에 재능을 보였다고 한다. 『사실기』에 따르면, 어린 시절에는 항상 『주역周易』의 괘획卦劃을 본뜬 별자리 그림을 땅에 그리며 놀았고,[36] 8세 때는 상서商書를 수학受學했는데, 기삼백朞三百이나 선기옥형璇璣玉衡의 주해註解와 같은 곳은 파죽지세로 자세히 이해해서 선생님(先進)이 기특하게 여겼다고 한다.[37] 17살 때 하루는 어느 곳에선가 한역漢譯 수학서적 『수리정온數理精蘊』을 보고서 빌려 보고자 했으나 주인이 허락하지 않자 몰래 마음속으로 묵묵히 생각하고서 해가 저문 뒤 돌아가 밝게 초를 켜고 『수리정온』을 베꼈다고 한다. 본래 『수리정온』에 대해 잘 알지 못했는데, 십여 일을 베끼고 오히려 주인의 난해한 곳까지 풀어 주니 주인이 기뻐하면서 『수리정온』 전질을 주었다고 한다.[38] 홍양해가 외워서 베낀 『수리정온』에는 한 글자도 잘못된 곳이 없었고, 또 뒤에 『팔선표八線表』도[39] 얻었는데, 한가할 때마다 규명하여 막힘없이 명료하게 이해하게 되었으며, 비로소 수학에 매우 정통하게 되었다고 한다.[40]

홍양해가 어려서부터 수학에 관심이 많았고 『수리정온』과 같은 한역 서학서를 탐독했다면 문광도와의 만남은 자연스럽게 이루어졌을 것으로 보인다. 앞에서 살펴본 바와 같이 문광도 집안은 본래 대를 이어 역관을 지냈다. 18세기 조선에서 유통된 한역 수학 및 천문서적 대부분은 연행燕行을 통해 전래된 것이었다. 한편, 서형수徐瀅修가 지은 문광도의 묘표를 보면, "명明 만력萬曆 연간에 〈수학이〉 서양에서 또 동東으로 전해져 중국에 출현하니, 한漢에서 원元까지 육예六藝 중에 빠져 있던 수數가 이때에 보충되었다"고 하면서 "문광도는 남평南平 출신인데, 동[중국]에서 다시 또 동[조선]으로 전해진 서적을 얻어 문을 닫고 정밀히 생각하여, 행성의 궤도와 운행에서부터 일월식과 행성의 능범, 한 줌 산가지로 계산하는 방법에 이르기까지 다른 사람들이 알지 못하는 것을 홀로 터득하게 되었다"고 하였다.[41] '동에서 다시 동으로 전해진 서적'이란 청을 거쳐 조선으로 전래된 한역 서양 천문서적인 것으로 보인다. 그리고 묘표에는 자연히 죽은 이에 대한 칭송이 담기기 마련이니, 당시의 독보적이었던 문광도의 학문 수준을 높이 평가하여 '홀로 터득(獨得)'한 것이라고 쓴 것이 아닌가 사료된다. 혹은 다른 사람들은 잘 모르는 서양 천문학 지식을 문광도 '혼자서만 유일하게 알고 있었다'라는 의미도 될 수 있다. 아무튼, 문광도 또한 청을 통해서 들어온 서양 천문서적을 공부하여 수학과 천문학을 학습하였고, 홍양해도 이에 대한 관심이 많았다면, 이러한 배경에서 두 사람의 만남은 자연스레 이루어졌을 것으로 보인다.

18세기 연행과 서양 천문학 지식의 전래

문광도의 조부와 부친은 숙종 대 후반부터 영조 대 전반까지 청淸 사행에 계속 참여했을 것이다. 실제로 『경오연행록庚午燕行錄』의 영조 26년(1750) 기록에서 문광도의 부친이 청 사행에 참여했다는 사실을 확인할 수 있다. 서형수가 '동으로 전해진 문헌을 얻어'라고 기술한 부분까지 함께 고려하여, 이 시기 그들이 사행을 통해 접했을 내용들이 간접적으로 문광도에게 전해지지 않았을까 하는 추론도 가능하다. 이 점에서 17-18세기 연행을 통해 조선에 유입된 서양 천문학 지식에 대해 살펴보고자 한다.

조선 후기 역법사曆法史는 청의 중요한 개력改曆에 따라 전개되었다고 할 수 있다.[42] 이것은 『서양신법역서西洋新法曆書』 → 『역상고성曆象考成』 → 『역상고성후편曆象考成後編』의 순서에 따라 이루어졌다. 조선 후기 역법사는 청에서 조선으로 전래된 이 역법들의 지식을 터득해 가는 과정이었다고 해도 과언은 아니다.

먼저 『서양신법역서』이다. 조선은 효종 5년(1654)부터 역서를 시헌력時憲曆 방식으로 제작하여 반포했다. 효종 때부터 발행하기 시작한 시헌역서는 기본적으로 『서양신법역서』에 포함된 지식을 기초로 제작되었다. 1629년(인조 7, 숭정 2) 명明은 서양 천문학에 기반을 둔 역법으로의 개력改曆을 목표로 역국曆局을 개설하고 관련 사업을 시작했다. 이 사업은 당시 명에 와 있던 예수회 선교사 아담샬J. Adam Schall von Bell, 湯若望과 명의 천문학자 서광계徐光啟가 주도했다. 그들은 1634년(인조 12, 숭정 7) 시헌력의 기본 원리를 담아 『숭정역서崇禎曆書』를 편찬했다. 그러나 개력 반대론과 명청 교체의 정치적 혼란을 겪으면서 새 역법은 사용되지 못했고, 청淸이 건국된 이후 1645년(인조 23, 순치 2)부터 청의 역법으로 시헌력이 채택되었다. 이때 청의 공식 역서가 『서양신법역서』였는데, 이것은 『숭정역서』를 거의 그대로 싣고 이름만 바꾼 것이었다.

『서양신법역서』는 인조 23년(1645) 소현세자昭顯世子와 김육金堉을 통해 단계적으로 조선에 도입되었다. 『서양신법역서』에는 천체 운행을 계산하는 데에 필요한 지식과 그 지식이 구축된 이론적 배경에 대한 지식이 담겨 있었는데, 이 중 천체 운행을 계산하는 데에 필요한 지식은 역서를 제작하는 데에 반드시 습득해야 하는 것으로, 조선의 관상감 관원은 학습의 기회도 부족하고 참고 서적도 거의 없는 상황에서 생소한 지식을 습득해야 했기 때문에 많은 어려움을 겪었다.[43] 『서양신법역서』에 담긴 지식을 적용하여 역서를 만들고 시각법을 운영할 수 있을 때까지 약 60년의 시간이 걸렸다. 특히, 관상감 관원 김상범金尙範과 허원許遠의 노력이 컸다. 허원은 숙종 37년(1711) 역서 제작에 필요한 역일 계산뿐 아니라, 교식交食과 오행성五行星의 운행에 관한 시헌력 지식을 완전히 깨우치고 『현상신법세초류휘玄象新法細草類彙』를 편찬한 후 "앞으로 200년 사이에 다시는 역일曆日과 교식에 착오가 없을 것이며, 하늘의 운행과 조금도 차이가 없을 것"이라고 자부했다.

다음은 『역상고성』이다. 청이 1726년(영조 2, 옹정 4)부터 역서를 『서양신법역서』에서 『역상고성』으로 바꾸면서, 조선은 또다시 새로 개정된 역법 지식을 습득하지 않을 수 없었다. 『역상고성』은 청의 중국인 관료학자들을 중심으로 서양 천문학을 기반으로 한 시헌력의 역산체계를 확립한 역서라는 의의를 갖는다. 중국인 학자들이 중심이 되어 『서양신법역서』 체계의 한계를 인지하고, 이의 개선을 목표로 새로운 천문상수와 계산법을 적용하여 계산의 정밀도를 높인 역서가 바로 『역상고성』이다.

조선이 청력淸曆과의 오차를 처음 확인한 것은 영조 3년(1727) 5월이었다. 관상감에서는 당장 수정하지 않으면 앞으로 더 큰 오차가 발생할 것이므로 예전의 관례대로 관상감 관원을 청에 보내 해결법을 배워 오게 하자고 건의했다.[44] 『역상고성』 체제로의 전환은 숙종 대에 그러했듯이 청에 관원을 보내 배우게 하고, 또 참고문헌을 얻어 와 학습을 통해 원리를 깨우치는 방법밖에는 달리 방도가 없었다. 이러한 배경에서 영조 대 초부터 관상감 관원이 정기적으로 사행使行에 참여하게 되었고, 많은 한역 서양 과학기술 서적이 조선에 들어오게 되었다.[45]

끝으로 『역상고성후편』이다. 사실 『역상고성』의 정확도가 그리 높은 편은 아니었다. 이 때문에 청에서는 역법 교정 사업을 계속할 수밖에 없었다. 1730년(옹정 8, 영조 6) 8월 1일의 일식 예보 때 청에 와 있던 예수회 출신 선교사 쾨글러Ignaz Kögler, 戴進賢와 페레이라André Pereira, 徐懋德가 『역상고성』의 계산법을 적용한 계산이 실제와 차이가 난다는 사실을 확인했다. 이들은 『역상고성』 교정 작업에 착수했고, 1734년(옹정 12, 영조 10) 『역상고성』의 역원曆元을 강희康熙 갑자년(1684)에서 옹정雍正 원년(1723)으로 개정했다. 그러나 이 교정 또한 완전한 것은 아니었고, 이를 해결하고자 태양과 달의 운동을 구현하는 기하학적 모델 자체를 근본적으로 바꾸었다. 즉, 『역상고성』의 체계 가운데 태양과 달의 운동 및 교식 계산법을 케플러의 타원궤도 이론으로 바꾸어 이를 적용한 새로운 계산체계를 수립하였던 것이다. 이것이 바로 『역상고성후편』이었다.

청에서는 1742년(건륭 7, 영조 18)부터 『역상고성후편』으로 전환했고, 곧이어 조선에도 전래되었다. 그런데 조선에서는 『역상고성후편』을 『역상고성』과 완전히 다른 역서라기보다는 상

호보완적인 역서라고 이해했다. 『역상고성후편』이 『역상고성』
에 실린 태양과 달의 위치 계산법을 수정한 것이고, 오행성의
운동에 대해서는 『역상고성』의 계산법을 그대로 적용했기 때문
이다. 그래서 조선에서는 『역상고성』과 『역상고성후편』을 동시
에 운용했는데, 태양 및 달의 운동과 일월식 계산법은 『역상고
성후편』을, 또 오행성의 운동 계산법은 『역상고성』을 따랐다.

1760년대 무렵에는 서양 천문학을 기반으로 한 시헌력의 운
용이 완벽해지게 되었다. 우선 『천세력』 편찬을 들 수 있다. 정
조 6년(1782)에 편찬된 『천세력』은 정조 1년부터 100년에 이르는
1백 년간의 역산 결과를 수록한 미래 역서이다. 여기에는 정조
원년(1777)부터 그 후 1백 년간에 있을 월의 대소大小와 절기시각
을 추산한 값이 수록되어 있다. 이러한 장기력長期曆은 시헌력의
적용 능력에 대한 완전한 신뢰에 기초하지 않고서는 나올 수 없
는 것이었다. 그래서 『천세력』의 편찬은 시헌력 중심의 역산이
조선에 완전히 정착했다는 것을 의미한다.

조선의 자신감을 엿볼 수 있는 또 다른 사례가 바로 영조
39년(1763)부터 3년에 한 번씩만 관원을 북경에 파견하도록 한
조치이다. 조선에서는 18세기 초 허원의 파견으로 칠정의 행도
계산법을 익혀 온 이래, 『역상고성』과 『역상고성후편』 습득에
힘을 쏟던 1720년대부터 1750년대까지 수시로 청에 관원을 파

견했다. 특히, 영조 17년(1741) 이후로는 매년 파견하는 것이 정례화될 만큼 배워야 할 지식이 많았고, 산법 또한 계속해서 개정되었다. 그러나 『역상고성후편』이 나온 후 청에서도 더는 주목할 만한 역산법의 변화가 없었고, 조선의 학습과 이해도 일정 수준에 이르게 되자 3년에 한 번 파견으로도 문제가 없게 된 것이다.

조선 후기의 역법이 『서양신법역서』→『역상고성』→『역상고성후편』으로 바뀌는 동안 조선에서는 청으로 역관과 관상감 관원을 꾸준히 파견했고, 새로운 역법 지식은 결국 이들을 통해 전래된 것이라고 할 수 있다. 그만큼 이들의 역할이 중요했는데, 앞에서 살펴본 바와 같이 문광도의 부친 문백령은 숙종 39년(1713) 역과에 합격한 이후 적어도 영조 26년(1750)까지 약 37년 동안은 역관으로 활동했다. 구체적인 활동은 확인되지 않지만, 영조 대 초반 청 사행에 참여하며 서양 과학기술 서적의 구입과 청 학자와의 교류에 직간접적으로 관여했을 가능성이 크다. 부친의 이러한 경험이 문광도에게도 일정하게 영향을 주지 않았을까 여겨진다.

그렇다면 조선 후기의 역관은 청에서 어떤 활동을 했을까. 17세기 후반부터는 안정화된 조청朝淸 관계를 바탕으로 대청對淸 무역이 이전보다 활발히 이루어졌다.[46] 청과의 무역은 역관이 주도했다. 역관이 활발한 무역 활동에 참여할 수 있었던 데에는 몇 가지 요인이 작용했다. 우선 역관은 사행 정관正官의 일원으로서 일정한 직책과 권한을 가지고 있었다. 그에 따라 원거리 운송 수단인 종인從人과 마필馬匹을 거느릴 수 있었다. 여기에 더하여 역관에게는 사행에 필요한 경비 충당을 명목으로 조정으로부터 팔포무역권八包貿易權을 인정받고 있었다.[47] 특히, 역관에게 허용된 팔포무역은 역관직의 세습화와 역관의 횡적인 유대관계를 바탕으로 상시적이고 연속적인 무역 활동으로 이어졌다. 역관들의 생계가 이 무역 활동에 달려 있었으므로 역관의 팔포무역은 상업적 성격을 띨 수밖에 없었다.[48]

사행 중에 이루어진 한역 서양 과학기술 서적의 구입과 청 학자와의 교류는 대부분 이러한 역관의 주선을 통한 것이었다. 영조 4년(1728) 10월 관상감의 건의에 따라 동지사행冬至使行에서 『역상고성』을 구입해 왔는데, 이는 역관 고시언高時彦의 주선을 통한 것이었다. 당시 역관 고시언의 주선으로 정은正銀 50냥에 『역상고성』 44책을 구매해 올 수 있었다.[49] 그리고 이듬해의 사행에서도 『역상고성』 전질과 『수리정온』, 『율려정의』 등 73책을 은자銀子 62냥에 구입해 왔는데, 이는 역관 김유문金裕門의 주선으로 이루어졌던 것이다.[50] 한편, 18세기 중반 무렵에는 사행을 떠나는 역관에게 사사로이 서적의 구입을 요청하는 일도 있었는데, 영조 42년(1766) 7월 23일 황윤석은 『수리정온』과 『역상고성』 두 책을 구하고 있던 원흥윤元興胤에게 사행 때 역관에게 부탁하면 쉽게 얻을 수 있을 것이라는 조언도 하였다.[51] 그리고 사행 중 북경에서 이루어진 관상감 관원과 예수회 선교사의 만남 또한 역관이 주선한 것이었다. 영조 17년(1741) 사행에서는 역관 변중화卞重和가 관상감 관원 안국린安國麟과 예수회 선교사 쾨글러와 페레이라의 만남을 주선했다. 이들은 조청 간 역법의 차이와 실제 천체현상과 계산값의 차이 등에 대해 논의했다. 또 영조 19년(1743)에는 안국린의 종형從兄 안국빈과 쾨글러·하국신何國宸이 북경에서 만났는데, 이는 함께 갔던 역관 변중화와 김재현金在鉉의 주선을 통한 것이었다.[52]

이러한 과정을 거쳐 조선에 전래된 서양 천문학 지식은 무엇이었을까. 우주론을 중심으로 간략하게 살펴보면, 우선 17세기 초 『서양신법역서』를 통해서는 이른바 티코 브라헤의 우주 구조가 소개되었다. 『서양신법역서』의 『오위력지五緯曆指』(1634)라는 책에 다섯 행성(오성)의 운동 법칙에 관한 당시까지의 최신 이론이 정리되어 있었는데, 이것이 바로 티코 브라헤의 우주론이었다. 이보다 30년 전 마테오 리치Matteo Ricci, 利瑪竇가 『건곤체의乾坤體義』(1605)를 쓸 무렵만 해도 프톨레마이오스의 우주론이 지배적이었는데, 『오위력지』에서는 프톨레마이오스의 우주론

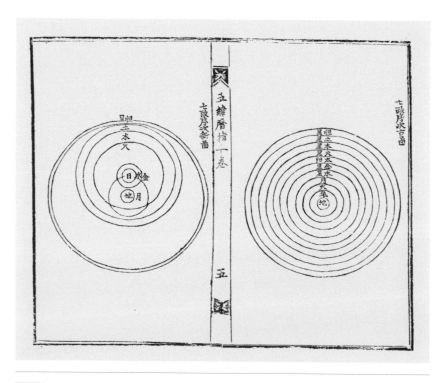

그림 4 『오위력지』의 「칠정서차신도」와 「칠정서차고도」 한국학중앙연구원 장서각 소장

을 '고도古圖'로, 티코 브라헤의 우주론을 '신도新圖'로 소개하였다. 『오위력지』는 동아시아에 티코 브라헤의 우주론을 소개한 최초의 책이었다고 할 수 있겠다.[53]

　『역상고성』은 앞에서도 언급했듯이 예수회 선교사의 힘을 빌리지 않고 전적으로 중국인 천문학자들의 손에 의해 이루어

졌다는 데에 의의가 있다. 다만, 어려운 『서양신법역서』를 이해하기 쉽게 정리하는 데 목적을 두었기 때문에 새로운 연구 성과를 거의 담고 있지 않았다. 여기에는 중국인 천문학자에 의한 독자적인 관측이나 이론적 탐구가 없었고, 정확도 또한 크게 개선된 것은 아니었다.

『역상고성후편』에는 행성의 궤도 계산에 케플러의 타원궤도 모델이 적용 되었다. 그러나 케플러의 우주론이 그대로 적용된 것은 아니었고, 태양과 달의 운동에만 타원궤도를 적용했고, 우주론은 여전히 지구 중심의 그것이었다. 케플러의 우주론은 태양중심설에 기반을 둔 것이었는데, 코페르니쿠스의 학설을 가르칠 수 없었던 예수회 선교사들이 케플러의 우주론을 지구 중심 체계로 고쳐서 청에 전했고,[54] 조선에 전래된 지식 또한 결과적으로 이것과 동일한 것이었다.

그런데 조선과 청의 천문학자의 입장에서 보면, 우주의 중심을 지구로 놓든 태양으로 놓든 별문제가 되는 것은 아니었다. 오히려 지구를 중심으로 하는 쪽이 천체의 겉보기 운동을 계산하는 데에는 더 편리했을 것이다. 게다가 태양과 달의 운동과 교식만 잘 계산해도 역서를 제작하기에 충분했다. 조선과 청의 천문학자들은 케플러의 우주론과 티코 브라헤의 우주론이 갖는 근본적인 차이점에 대해서는 크게 인식하지 못했고, 중요한 문제가 되지도 않았다.

문광도는 역관 집안에서 배출된 천문학자이다. 다만 어떻게 해서 천문학자의 길을 걷게 되었는지는 많은 부분이 베일에 가려져 있다. 문광도가 전공을 바꿔 관상감 관원이 된 것은 장인 전덕윤의 주선이 가장 개연성 높은 설명이지만 단언할 수는 없다. 그리고 스승 홍양해와의 만남 또한 정확한 경위를 알 수 없다. 어린 시절 홍양해로부터 수학과 천문학을 배웠고, 전덕윤의 딸과 혼인한 이후 전덕윤을 통해 관상감에 들어가지 않았을까 하는 추론을 할 수 있지만 사료적 근거는 부족하다. 이러한 가운데 그의 선대가 대대로 역관이었다는 점은 중요한 고려 대상이다. 홍양해가 암송했다고 하는 『수리정온』을 포함하여 17-18세기 조선에서 유통된 서양 천문학 문헌과 그 지식은 대부분 청 사행使行을 통해 전래된 것이었다. 조선 후기 서양 천문학을 기반으로 하는 시헌력으로의 완전한 개력을 위해 수많은 역관과 관상감 관원이 청에 다녀왔고, 문광도의 선대 또한 그 과정에 직간접적으로 참여했던 것으로 보인다. 그렇다면 문광도 또한 그 영향을 받지 않았을까. 관상감 관원인 전덕윤과의 만남과 서양 천문학과 수학에 높은 관심을 보였던 홍양해와의 만남은 이러한 배경에서 이루어지지 않을까 추측해 본다.

2

엘리트 코스

완천完薦과 음양과陰陽科

　문광도가 활동했던 18세기 중·후반에는 관상감의 생도 정원
이 60명이었다. 전공별로 보면 천문학이 40명, 지리학이 10명,
명과학이 10명이었다. 조선 초기에는 천문학이 20명, 지리학이
15명, 명과학이 10명이었는데, 영조 대에 천문학은 20명이 늘어
40명이, 지리학은 5명이 줄어 10명이 된 것이다.[55]

　관상감 생도가 되기 위해서는 완천의 절차 거쳐야 했다. 관
상감에 입속入屬하기 위해서는 우선 천거薦擧, 즉 추천을 받아야
했는데, 천거된다고 해서 모두 입속할 수 있는 것은 아니었고,
정해진 심사 과정을 통과해야 관상감에 입속할 수 있었다. 이

를 일러 완천이라고 했다. 조선 후기 관상감의 완천자 명부로는 『삼력청완천록三曆廳完薦錄』, 『본청완천안本廳完薦案』, 『삼력청완천안三曆廳完薦案』 등이 있다. 이들을 통해서 18세기 중반부터 19세기 말까지 관상감에 입속한 1,200여 명의 완천자를 확인할 수 있다.[56]

문광도는 영조 20년(1744) 2월 그의 나이 18세 무렵에 완천된 것으로 보인다. 『삼력청완천록』에 따르면, 갑자년 2월에 문백령의 아들 문응규文應奎가 완천된 것으로 나오는데,[57] '문응규'는 문광도의 어릴 적 이름인 듯하다. 부친의 이름이 문백령이라는 점에서도 그렇고, 또 문광도의 생년과 맞춰 보면 18세 때 완천된 것이니 시기적으로도 맞다.[58] 참고로 조선 후기 관상감 관원 중에는 완천된 이후 이름을 개명한 사례가 적지 않다.[59] 가령, 『서운관지』의 저자로도 유명한 18세기 후반의 관상감 관원 성주덕成周惠도 초명은 성석지成錫祉였고, 완천록에도 '성석지'라는 이름으로 등장한다.

관상감의 완천은 대간臺諫의 서경署經을 따른 것이었다.[60] 대간이 관직 제수에 앞서 후보자의 세계世系와 품행品行을 사전에 조사해 적임 여부를 가리던 일을 서경이라고 했는데, 완천은 이 서경의 예에 따라 완천 후보자가 제출한 사조단자四祖單子와 보거단자保擧單子를 관상감의 교수教授와 훈도訓導 등이 보고 가부可

族를 상의해 결정하는 방식으로 진행되었다. 사조단자란 부친, 조부, 증조부, 외조부의 본관과 성명, 생년월일, 관직 등을 적은 단자로, 새로 임용되는 관원의 신원진술서와도 같은 것이었다. 그리고 보거단자란 지원자의 신원을 보증하는 보거인保擧人의 관직과 성명을 적은 단자이다. 보거인은 세 명이 필요했는데, 천문학 분과에 지원할 때는 관상감에서 판관判官 이상의 관직을 지낸 관원 2명과 삼력관 1명의 추천이 필요했고, 지리학과 명과학 분과에 지원할 때는 판관 이상의 관직을 지낸 관원 3명의 추천이 필요했다. 문광도의 전공은 천문학이었기 때문에 이 규정이 적용되었다면 관상감에서 판관 이상의 관직을 지낸 관원 2명과 삼력관 1명의 추천이 필요했을 것이다. 다만 아쉽게도 관련 사료의 부족으로 문광도의 보거인이 누구였는지는 알 수가 없다.

완천 후보자의 심사는, 천문학 전공자는 2단계, 지리학·명과학 전공자는 3단계로 진행되었다. 천문학 전공자의 1차 심사에서는 관상감의 교수, 훈도, 실녹관實祿官 10명이 모여 가부를 정했다. 가부는 '삼부불허三不不許, 이부허입二不許入'의 원칙이 적용되었는데, 즉 심사를 맡은 10명의 관원 중 3명 이상이 반대하면 심사를 통과할 수 없었다. 1차 심사를 통과하면 2차 심사인 삼력청 심사를 받게 되는데, 지리학·명과학 전공자는 최종 삼력청 심사를 받기 전에 각 전공별 심사를 추가로 거쳐야 했다. 이 역시 심사를 맡은 전공별 10명의 관원 중 반대(否)가 2명 이하인 후보자만이 삼력청 심사를 받을 수가 있었다. 완천 후보자의 최종 삼력청 심사는 후보자가 최소 3명 이상, 또 심사위원으로 참여하는 삼력관이 20명 이상 참석해야 진행되었다. 이때도 역시 20명의 삼력관 중 반대(否)를 2명 이하로 받은 후보자가 최종적으로 합격하는 것이었다. 이러한 완천의 절차를 모두 통과하면 생도 임명첩任命帖이 발급되었고, 완천록에도 이름을 올릴 수가 있었다. 문광도 또한 『삼력청완천록』에 이름을 올렸으니, 마땅히 이러한 완천의 절차를 모두 거쳤다고 볼 수 있겠다.

관상감의 완천 절차 중 몇 가지 흥미로운 점이 있었는데, 우선 '향풍向風'이라는 것이 있었다. 향풍은 승문원承文院 예비 관원의 회자回刺와 같은 것이었다. 쉽게 말하면, 밤에 선배들 집을 일일이 찾아다니면서 명함(刺紙)을 돌리면서 미리 인사를 하는 것이었다. 1차 심사를 앞둔 완천 후보자가 심사를 잘 부탁한다는 의미로 인사를 도는 일종의 신고식이었던 셈이다. 그런데 종종 짓궂은 선배들도 있었고, 음식 대접이나 선물을 요구하는 경우도 있어서 예비 관원에게는 부담이 되곤 했다.[61]

다음으로 관상감 선생先生의 자제나 조카 또는 사위가 완천 후보자일 경우에는 1차 심사를 ― 지리·명과학 전공자일 경우에는 2차 전공별 심사까지를 — 면제해 주는 특혜가 있었다. 관상감 선생이란 관상감에서 판관 이상의 관직을 역임한 관원을 말한다. 그들의 자제나 조카 또는 사위가 천거되면 그 사조단자와 보거단자는 곧바로 삼력청에 보내졌고, 최종 삼력청 심사만으로 가부가 결정되었다. 완천 심사 자체가 전문 기술이나 지식을 평가하는 것이 아니라 세계世系와 품행品行을 바탕으로 평가하는 것이었기 때문에 선생의 자제나 조카 또는 사위라는 점만으로도 신원이 보장된다고 여겼던 것이다.

또 '삼순三巡'이라는 것이 있었다. 완천 후보자는 어느 심사 단계에서건 '부否'를 세 개 이상 받으면 탈락하는 것이었는데, 이러한 입속 시도는 1인당 최대 세 번까지만 할 수 있었다. 이것을 '삼순의 한도'라고 불렀다.[62] 완천에서 삼순의 한도는 절대로 어겨서는 안 되는 규정이었다. 그런데 관상감의 최고 고위자인 영사領事나 제조提調가 '청탁'하여 '삼순의 한도'가 지켜지지 않는 경우도 있었다. 영사나 제조의 청탁을 '분부分付'라고 했고, 분부가 있을 경우에는 부득이 가순加巡의 완천 심사가 이루어지기도 했다. 그러나 이 경우에도 '삼부불허, 이부허입'의 원칙은 꼭 유지되었고, 합격하면 완천록에 분부로 입속했다는 사실을 함께 기록했다. 그리고 특혜로 입속한 생도는 훗날 정식 관원이 되어도 완천 심사에는 참여할 수가 없었다.[63] 특혜로 들어온 자가 또다시 누군가에게 특혜를 주지 못하도록 막기 위한 규정이었다.

끝으로 보거인은 완천 후보자의 신원을 보증하는 보증인이었는데, 후보자의 사조四祖에게 허물이 발견되거나 후보자가 죄를 범할 경우, 설령 완천된 이후라도, 함께 처벌을 받았다. 보거인에게도 연대 책임을 물었던 것이다. 이와 유사한 것이 '영색자永塞者를 다시 추천한 자에게는 벌목罰木 5필疋을 부과한다'는 규정이었다.[64] '영색자'란 '삼순의 한도'를 모두 채워 영원히(永) 입속이 막힌(塞) 자를 말한다. 즉, 삼순의 한도를 모두 채워 규정상 천거해서는 안 되는 인원을 추천할 때에는 벌칙으로 포목 5필을 내야 한다는 것이었다. 이러한 규정들은 그만큼 신중하게 추천을 하라는 의미에서 제정된 것들이었다.

이와 같이 엄격한 완천의 과정을 통과해야 비로소 관상감 생도가 되는 것이었다. 문광도는 영조 20년(1744) 2월에 완천되었고, 영조 29년(1753) 음양과 식년시에 합격했으니, 약 9-10년 동안 관상감에서 생도 생활을 한 것이라고 할 수 있다. 이 동안 문광도는 천문역산학에 대한 전문적인 교육을 받으며 관상감의 실무 업무를 수행했을 것이다. 관상감 생도의 교육과 실습은 음양과에 입격入格하여 정식 관상감 관원이 되는 것을 목표로 하는 것이었다. 음양과는 삼학 전공별로 시행되었는데, 천문학 전공의 경우에는 천문학 생도가 아니면 응시할 수가 없었다. 『경국대전』에 처음 규정된 이후 『대전통편』에 이르기까지 음양과 천문학 전공 시험은 천문생天文生 이외에는 부시赴試가 허락되지 않았다.[65] 그래서 음양과 천문학 전공 시험을 위한 교육은 오직 관상감의 천문학 생도만이 받은 것이라고 볼 수 있다.

관상감 천문학 생도에 대한 교육은 훈도訓導가 담당했다. 훈도는 세조 12년(1466) 1월 15일 서운관이 관상감으로 개편될 때 생도 교육을 위해 새롭게 설치된 직책이다.[66] 관상감 생도가 교육받은 내용은 음양과 시험과목을 통해 짐작해 볼 수 있다. 천문학 전공을 중심으로 법전류에서 확인되는 음양과 시험과목을 보면,[67] 크게 암기과목(誦), 강독과목(臨文), 계산과목(算)으로 나뉜다. 암기과목으로는 『보천가步天歌』가 있었다. 『보천가』는 3원 28수의 별과 별자리를 외우기 쉽도록 그림에 칠언시七言詩를 붙여 만든 일종의 '별자리 그림 노래책'이다. 조선에는 세 가지 종류의 『보천가』가 있었다. 첫 번째는 조선 세종 대에 편찬된 것으로 1161년 송宋에서 출간된 『통지通志』「천문략天文略」 『보천가』의 가결에 천상열차분야지도天象列次分野之圖 성도星圖를 붙인 조선 초기의 『보천가』이고,[68] 두 번째는 1792년 무렵 관상감 관원 김영金泳이 세종 대 『보천가』의 가결에 청초淸初의 예수회 선교사 페르비스트Verbiest, 南懷仁가 『의상지儀象志』에 새로 그린

성도를 붙여 지은 신도新圖『보천가』이며,[69] 세 번째는 1845년 중국에서 간행된『의상고성속편儀象考成續編』의『성도보천가星圖步天歌』를 1862년 이준양李俊養이 남병길南秉吉의 교정을 받아 간행한『신법보천가新法步天歌』이다.[70] 시기적으로 봤을 때 문광도는 첫 번째 세종 대에 편찬된『보천가』를 학습했을 것이다.

다음 계산과목으로는『칠정산내편七政算內篇』,『칠정산외편七政算外篇』,『교식추보가령交食推步假令』이 있었다. 주지하듯『칠정산내편』은 원元의 수시력授時曆(또는 명의 대통력)을,『칠정산외편』은 이슬람의『회회력回回曆』을 세종 대에 각각 한양을 기준으로 재편한 역서曆書이다. '한양을 기준으로 한 역법'이라는 점에서 칠정산 내외편은 오랫동안 '본국력本國曆' 제정의 지표로서 평가받는데,[71] 사실 칠정산 내외편은 천문학 이론서라기보다는 한양을 기준으로 하는 시간규범을 수립하고 일월식을 예보하는 데 필요한 계산을 수행하는 방법을 공구서처럼 정리해 놓은 책이라고 할 수 있다.[72] 즉, 정확한 역산曆算의 실행을 목표로 편찬한 역법이었던 것이다. 이 점은 세조 4년(1458)에 편찬된『교식추보가령』— 사실 이외에도 많은 종류의『교식가령』이 있지만 — 을 통해서 더 분명히 알 수 있다. '가령假令'이라는 책제에서 짐작할 수 있듯이, 이 책에는 천문 계산법 학습을 위한 다양한 계산 예시가 들어 있다. 칠정산 내외편도 그러하지만, 대개

"A라는 값을 구하려면 B라는 수치와 C라는 수치를 곱하여 D로 나눈 다음 E를 더해 F값과 비교하여 서로의 차이 값을 따진다" 는 식이다. 즉, 이들 책은 역서를 만들고, 시각을 측정하고 알리 며, 교식을 예측하고자 하는 사람을 위해 계산의 방법과 순서를 알려 주는 교본과 같은 책이라고 할 수 있다. 음양과 천문학 전 공 시험에서 이들 역법을 바탕으로 천문·역법의 사상적 의미를 논술했던 것이 아니라, '산(算)'하는 과목으로 삼았던 이유도 바로 이 때문이었다.

끝으로 『경국대전』 임문 시험은 음양과뿐 아니라 모든 잡과 시험에 포함되어 있었다.[73] 참고로 송은 책을 보지 않고 외우는 시험을 말하고, 임문은 책을 보면서 강독하는 시험을 말한다.

구분		『경국대전』	『속대전』·『대전통편』
시험 과목	송(誦)	『보천가』	『보천가』
	임문 (臨文)	『경국대전』	『경국대전』 『천문역법』(未詳)
	산(算)	『칠정산내편』 『칠정산외편』 『교식추보가령』	『칠정산내편』 『칠정산외편』 『교식추보가령』
선발 인원	초시	10인	10인* 대증광시: 14인
	복시	5인	5인* 대증광시: 7인

표1 음양과 천문학 전공 시험과목과 선발인원

『경국대전』 임문 시험은 관료로서의 기본적인 소양과 행정적 지식을 평가하기 위한 과목이었다.

한편, 관상감 생도는 매일의 천문 관측 업무에도 투입되었다. 『서운관지』 '천거' 조에 따르면, "입사入仕하는 규례는, 천문학은 본학의 선진先進에게 회자하고, 지리학·명과학은 천문학 당상, 임관과 해당 학 선진에게 회자하며, 각 해당 임관이 해당 학의 천안薦案을 취고取考하면 비로소 근무를 허락하고 곧 번(直)에 나아가게 한다"고 했다.[74] 완천의 최종 시험까지 통과하면 전공별로 선배 관원들을 회자하고, 완천록에 이름이 올라갔는지 확인이 되면 '직直'에 나아간다는 것이었는데, '직에 나아간다'는 의미는 곧 '번番에 들어가 입직入直을 한다'는 것이었다.

관상감 관원은 3명이 1개 조가 되어 조별로 순번을 돌며 매일 관천대觀天臺에서 천문 관측 업무를 보았는데, 관상감 생도도 또한 여기에 투입되었던 것이다. 관천대 입직 근무에는 당상관과 몇몇 주요 보직 관원을 제외한 당하관 직원이 거의 모두 투입되었기 때문에,[75] 생도들은 선배 관원과 함께 관천대에서 입직 근무를 보았던 것이라고 할 수 있다.

문광도는 9-10년 동안 관상감에서 생도 생활을 하면서 관상감 훈도로부터 『보천가』, 『칠정산내편』, 『칠정산외편』, 『교식추보가령』 등의 음양과 시험과목을 교육받았고, 선배 관원들과 함께 관천대에서 천문 관측 업무를 수행했을 것이다. 그리고 이러한 생도 생활을 거쳐 영조 29년(1753), 그의 나이 27세 무렵, 음양과 식년시에서 장원으로 합격했다.

잡과 중 하나였던 음양과는 문무과文武科와는 달리 초시初試와 복시覆試만으로 최종 합격자를 선발했다. 천문학 전공의 경우 초시에서는 10명, 복시에서는 5명을 선발했고, 대증광시大增廣試에서는 초시에서는 14명, 복시에서는 7명을 선발했다. 그러나, 다른 잡과도 그러했지만, 법정 합격 정원과 실제 합격 인원이 같지는 않았다. 관련 연구에 따르면, 대체로 19세기 전반까지는 합격 인원이 정원보다 적었고, 19세기 중반 이후부터는 합격 인원이 정원을 초과했다고 한다.[76]

다만 영조 대에 치러진 음양과의 경우는 조금 다른 경향을 보인다. 즉, 영조 26년(1750) 이후로 음양과 합격자 수가 큰 폭으로 증가한다. 영조 대에는 음양과가 모두 25회 열렸고 163명의 합격자가 배출되었다. 매회 평균 6.5명 정도의 합격자가 나온 셈이다. 그런데 영조 26년을 기점으로 살펴보면, 이전까지 치러진 12회의 시험에서 합격자는 48명으로 평균 4명이 합격했으나 이후에 치러진 13회의 시험에서 합격자는 115명으로 평균 8.8명이 합격하였다. 이해를 기점으로 평균 합격자가 2배 이상 늘어난 것이다.[77]

그리고 문광도는 이렇게 영조 대 음양과 합격자 수가 증가할 무렵 생도 생활을 거쳐 음양과에 합격하였다. 음양과 합격자 수의 정책적인 확대는 문광도가 음양과로 전공을 바꾸는 데에 중요한 배경이 되었을 수도 있다. 18세기 중반 역과譯科는 상대적으로 어렵다는 인식이 있었는데,[78] 여기에 더하여 정부에서 합격자 수를 정책적으로 늘리면 역과에서 다른 전공으로 전과를 고민하지 않을 수 없었을 것이다. 참고로 문광도가 장원한 영조 29년 음양과 식년시에서는 문광도를 포함하여 모두 9명이 합격했다. 법정 합격 인원(5명) 보다 4명이 많은 수였다.

음양과 시행 절차는 초시를 개장하기 전에 시험 감독관(入門官) 4명(천문학 2명, 지리·명과학 각 1명)을 정하고, 방榜을 걸어 응시생(擧子)에게 알리는 것으로서 시작되었다.[79] 그리고 시험 당일날 거자는 유건儒巾과 단령團領을 갖춰 입고 입문소에 사조단자와 보거단자를 제출해 응시 허락을 받았다.[80] 시험을 주관하는 시관試官은 관상감 제조가 맡았고, 시험을 전담하는 참시관參試官은 당하관 중 삼학별로 2명씩 맡았는데, 판관 이상을 지낸 관원 중 상피相避에 해당하지 않은 관원으로 관상감 영사가 차출하여 뽑았다. 복시는 초시와 절차가 거의 같았으나 시관을 예조 당상이 맡았고, 참시관에 예조 낭관이 1명 포함된 것이 초시와 달랐다.

합격자를 성적순으로 선발하는 것은 오늘날과 같았다. 다만 몇 가지 흥미로운 점은 우선 하생下牲을 따른다는 것이었다. 음양과 초·복시과목은 크게 송訟, 임문臨文, 산算으로 구분되고, 송·임문·산의 점수를 합산하여 성적을 내는데, 산과 같이 세부 과목 ―『칠정산내편』, 『칠정산외편』, 『교식추보가령』― 이 있는 경우 산의 성적은 세부 과목 중 가장 낮은 과목의 점수(下牲)가 되는 것이었다. 과목별 성적은 통·약·조·불通·略·粗·不의 4단계로 나눠 채점했는데,[81] 산의 세부 과목 『칠정산내편』·『칠정산외편』·『교식추보가령』의 점수가 차례로 통·약·조라면 산의 성적은 하생을 따라 조가 되는 것이었다. 다음으로 동점자가 발생할 경우 계산(算) 시험을 빨리 제출한 순서에 따라 차등을 두었다. 여기에서 송·임문·산의 세 과목 중 계산 과목을 상대적으로 더 중요하게 여겼다는 사실을 알 수 있다. 또 초시에 합격한 자가 상중喪中에 있거나 상복 입을 일이 있으면 다음번 복시覆試에 응시할 수 있도록 허락해 주었다. 이러한 유예 제도를 진시陳試라고 하는데, 상례喪禮에 대한 국가·사회적인 엄격함 때문인 것도 있었겠지만, 그만큼 우수한 인원을 확보하기가 어려워 유예 제도를 둔 측면도 있었을 것이다.

이렇게 하여 음양과에서 1등으로 합격하면 종8품을, 2등은 정9품을, 3등은 종9품을 각각 제수받았다. 그리고 다양한 연유에서 이미 품계를 가진 자가 음양과에 합격하면 한 품계씩을 더해 주었다. 음양과 합격자는 합격증서로 백패白牌를 받았다. 합격 이튿날 대궐에 나가 국왕에게 사은숙배謝恩肅拜를 하고, 이어서 관상감 영사와 제조, 시험을 주관한 시관, 관상감 선배 관원에게 차례로 인사를 올리는 것으로 본격적인 관직 생활을 시작하였다.

삼력관과 겸교수

여러 자료에서 확인되는 문광도의 관직 이력은 다음과 같다. 영조 37년(1761) 관상감 정正에 제수된 이후 영조 43년(1767) 12월 천문학 겸교수天文學兼教授가 되었고, 약 2년 후인 영조 45년(1769) 6월 참상직인 의영고義盈庫 주부主簿가 되었다. 영조 46년(1770)에 삼력관三曆官 자격을 얻었고, 영조 47년(1771) 1월 함흥감목관咸興監牧官에 임명되었다. 서형수徐瀅修(1749-1824)의 묘표墓表에서는 "함흥에 감목관으로 나갔다가 돌아오자마자 부모상을 당했는데, 거상居喪을 견디지 못하고 죽었으니 을미년[영조51(1775)] 윤월[윤10월] 29일이다"[82]라고 했으니, 함흥감목관이 그의 마지막 관직이었던 것으로 보인다.

시기	나이	관직 또는 활동	전거
영조 20년(1744)	18	완천	『삼력청완천록』
영조 29년(1753)	27	음양과 식년시 장원	『운과방목』
영조 37년(1761)	35	정	『삼력청선생안』
영조 43년(1767)	41	천문학 겸교수	『승정원일기』
영조 45년(1769)	43	천전, 의영고 주부	『승정원일기』
영조 46년(1770)	44	삼력관	『삼력청선생안』
영조 47년(1771)	45	함흥 감목관	『승정원일기』
영조 51년(1775)	49	몰(歿)	「의영고주부문군묘표」

표 2　문광도 관직 및 활동 이력

　　문광도의 관직 이력을 제대로 이해하기 위해서는 관상감 조
직 구성의 중요한 특징을 몇 가지 알아야 한다. 첫째, 녹관직祿
官職과 산원직散員職의 구분이다. 영사領事와 제조提調를 제외하
고, 관상감의 녹관직에는 정3품 당하직 정부터 종9품직 참봉參
奉까지 약 30여 개가 있었다. 이러한 관상감의 직제는 15세기
『경국대전』에서 확립된 이래 19세기 말까지 큰 변동 없이 유지
되었다.[83] 이에 반해 산원직은 관직이라기보다는, 요즘의 석사
학위나 박사학위와 같은 자격資格에 더 가까운 직명職名이라고
할 수 있다. '산관散官'이라고도 불린 산원은 '산료散料를 받는 관
원'이라는 뜻이다. 참고로 산료란 춘하추동春夏秋冬으로 4등분하

여 나누어주던 녹봉을 말한다. 그런데 산료 지급에는 '해당 업무의 수행'이라는 중요한 조건이 있었다. 즉, 녹관직은 해당 직책에 임명이 되면 그 자체로 녹봉이 주어졌던 반면에 산원직은 자격을 갖추었더라도 해당 업무를 수행하지 않으면 산료가 지급되지 않았다. 가령, 관상감의 역서 편찬 업무는 삼력관이 담당했는데, 이 삼력관이 대표적인 산원직이었다. 관상감 관원이라도 '삼력관'이라는 자격을 갖추어야만 역서 편찬 업무를 수행할 수 있었는데, 관상감의 삼력관 정원은 30명이었고, 매년 역서 편찬 업무에는 12명의 삼력관만이 참여했으므로, 역서 편찬 업무를 수행한 12명의 삼력관만이 산료를 지급받았던 것이고, 나머지는 삼력관이라 하더라도 산료 지급에서 제외되었다.

둘째, 구임久任 제도이다. 조선의 일반 관원은 중앙과 지방을 가릴 것 없이 정해진 임기가 차면 다른 관서로 자리를 옮겼다. 해당 관직을 수행하는 동안만 해당 관서에 속한 것이었고, 임기가 만료되어 다른 관서로 옮기면 소속 역시 새로 옮겨 간 관서가 되는 것이었다. 그런데 관상감은 음양학이라는 전문 기술을 관장하는 관서로서 일반 관원 모두가 음양학 관련 업무를 수행할 수 있는 것은 아니었고, 이와 유사한 업무를 수행하는 다른 관서가 있는 것도 아니었다. 그래서 관상감 관원은 여러 관서를 옮겨 다니지 않았고, 대부분은 한번 관상감에 입속하면 거의 평생을 관상감에서만 근무했다. 가령, 관상감의 녹관직 중 가장 높은 품계인 '정'은 관상감의 실무 관원을 이끄는 자리였는데, 임기가 끝나면 다른 부서로 옮기는 것이 아니라 사용司勇이나 부사용副司勇과 같은 서반체아직西班遞兒職을 받고서, 전정前正으로서 관상감에서 계속 근무했다.

그런데 이럴 경우 근속과 업무 성과에 대한 보상 문제가 발생할 수 있는데, 영조 대 이후에는 '겸교수' 직이 이 문제의 해소 창구로서 기능했다. 중종 대에 처음 설치된 관상감 겸교수 직은 주로 유학幼學이나 생진生進, 사인士人 등 양반사대부 출신으로 문과에 오랫동안 합격하지 못한 천문학 전문가가 고위관료의 추천을 받아 겸교수로 선발되었다. 겸교수는 45개월이라는 정해진 근무 일수만 채우면 동반의 참상직參上職으로 승진할 수 있는 특혜가 있어 처음에는 청선淸選으로 불렸다.[84] 그런데 숙종 대까지 사인士人이 진출하던 관상감 겸교수 자리는 영조 대에 관상감 관원이 진출하는 자리로 바뀌었다. 18세기 초반 관상감 겸교수는 천문학에 세 자리, 지리학에 한 자리, 명과학에 한 자리 등 다섯 자리가 있었는데, 숙종 대 말 천문학 겸교수 세 자리 중 한 자리가 관상감 관원이 진출하는 자리가 되었고, 영조 26년(1750) 나머지 네 자리도 모두 관상감 관원이 진출하는 자리로 되었다. 그리고 45개월 근무 이후 동반東班 정직으로 천전(陞六)

하는 혜택이 그대로 주어져 관상감 관원은 겸교수 직을 통해 승육의 기회를 얻게 되었다. 이전까지는 공을 세운 소수의 인원만이 가자加資의 혜택을 받았는데, 관상감 관원이 겸교수 직에 진출하면서부터 이 자리는 관상감 관원의 중요한 승진 창구로 기능하게 되었다. 그래서 영조 대에는 실력이 우수한 관원만이 겸교수를 통해 천전할 수가 있었다. 대체로 10대 후반 내지 20대 초반에 우수한 성적으로 음양과에 합격하였고, 삼력관 취재에 합격한 이후 훈도訓導 → 교수敎授 → 구임久任 등을 거쳐 30-50대에 겸교수에 임명되었으며, 겸교수를 마친 후 천전하여 동반의 6품직이나 지방관으로 진출하는 것이 우수한 관상감 관원의 일반적인 활동 모습이었다.

그러나 관상감 관원으로 천전하더라도 계속해서 관상감 관련 업무를 보았다. 가령, 문광도는 영조 43년(1767) 12월 그의 나이 41세에 천문학 겸교수가 되었고, 동同 45년(1769) 6월에 천전해서 참상직인 의영고義盈庫 주부主簿에 제수되었다. 그런데 의영고 주부에 제수된 이후에도 문광도는 관상감 관원으로서 천문역산 관련 업무를 계속해서 보았다. 관상감은 음양학을 전문적으로 다루는 부서로서 이렇게 한 부서에서만 오랫동안 근무하는 구임제도를 운영하면서도 겸교수 제도를 적절히 활용해 장기 근속자나 우수한 업무 성과자에 대한 보상을 해 주었던 것이다.

셋째, 지방관 역임이다. 18세기에는 문광도 외에도 지방관
을 지낸 관상감 관원이 적지 않았다. 정확히 말하면, 중인 출신
의 지방관이라고 해야 할 것이다. 중인의 지방관 진출은 17세
기 이후 꾸준히 늘었는데, 참고로 경기·충청 지역에 한하여 중
인의 지방관 역임 현황을 보면, 17세기에는 81명, 18세기에는
119명, 19세기에는 122명이 지방관을 지냈다고 한다.[85]

조선 후기 중인의 지방관 진출은 그들의 공로에 대한 보상
과 우대의 측면에서 이해할 수 있다. 이른바 '기술관技術官'의 처
우 문제는 '중인'이 하나의 신분계층으로 형성되기 전부터 크
고 작은 논란을 낳았다.[86] 문제의 핵심은 '우대와 차등'의 적절
한 균형이었다. 국가 운영에 필수적인 기능이므로 기술의 증진
을 위해서는 분명 우대해야 하는 것이 맞지만, 반상班常의 신분
제가 엄격한 상황에서 양반 사대부 관료와의 차등도 명확히 두
어야 했던 것이다. 우수한 성과를 낸 기술관에게 가자 대신 부
상副賞이나 면세免稅의 혜택을 준 사례는 대개 이러한 사정을 반
영한 것이라고 할 수 있다. 중인의 지방관 진출은 이러한 맥락
에서 이해할 있는데, 품계品階상 승진할 수 있는 상한은 정해 두
고, 보다 높은 관직을 주어 보상한 것이라고 할 수 있다.

물론 중인의 지방관 진출이 그들에 대한 보상 차원에서만

이루어졌던 것은 아니다. 중인을 지방관으로 삼는 것은 국가적 차원에서도 필요한 조치였다. 가령, 의관의 지방관 파견은 열악한 지방의료의 현실을 반영한 것이었고,[87] 역관의 지방관 파견은 국경 지역의 군영軍營 행정을 위한 것이었다.[88]

문광도의 감목관 진출도 이러한 맥락에서 이해할 수 있다. 문광도의 공로에 대한 보상이면서도, 국가적으로도 필요한 조치였던 것이다. 특히, 후자와 관련해서 보면, 감목관은 각 지방의 목장牧場에서 말의 번식·개량·관리·조달 등의 일을 수행하는 종6품 관원이었다.[89] 세종 대 초에 마정馬政에 밝지 못한 수령이 목장 관리에 어려움을 겪자 세종 7년(1425) '말 번식에 숙달된 6품 이상인 자'로 감목관을 임명하면서 전임감목관專任監牧官이 등장하게 되었다. 그런데 이후 비용과 민폐民弊의 문제가 발생하면서 감목관의 존폐存廢와 전임·겸임 논란이 일었고, 조선 후기에는 전임감목관은 9곳, 첨사僉使나 부사府使가 겸임하는 곳은 11곳으로 정리되었다.[90] 문광도가 감목관을 지낸 함흥咸興은 감목관을 전임으로 둔 곳 중 하나였다.[91]

영조 대에는 감목관직 자격에 중요한 변화가 있었다. 영조 9년(1733) 2월 감목관은 양반 사대부 관료 출신으로 삼아서는 안 된다는 논의가 있었다.[92] 당시 감목관에는 제조提調와 친한 사람 또는 사대부 관료가 임명되었는데 그들이 모두 업무에 미숙

하여 폐단弊端이 많다는 것이었다. 영조 15년(1739) 무렵 편찬된 『신보수교집록新補受教輯錄』에는 '감목관은 사대부로 임명하지 않는다'는 규정이 수록되었고,[93] 또 영조 24년(1748) 10월에는 감목관은 자벽自辟의[94] 법규를 없애고 중인과 서얼 중에서 근무일수를 다 채운 자 중에서 선발하자는 논의도 있었다. 최종적으로는 사복시司僕寺에서 중인과 서얼 중에서 근무일수를 모두 채운 자로 선발하여 보내는 것으로 확정되었다.[95] 영조 47년(1771) 1월 문광도의 함흥감목관 임명은 이러한 배경에서 이루어졌던 것이다.

천문학의 '업業'과 '학學'

천문학의 '업業'

『경국대전』이래로 관상감의 업무는 천문天文, 지리地理, 역수曆數, 점산占算, 측후測候, 각루刻漏 등을 관장하는 것으로 규정되었다.[96] 삼학별로 보면, 천문학은 천문·역수·측후·각루이고, 지리학은 지리이며, 명과학은 점산으로 각각 구분된다. 그래서 관상감의 천문학 업무를 다시 정리해 보면, 첫째, 천문 현상(災異)의 관찰과 기록, 둘째, 역서曆書의 편찬과 간행, 셋째, 시간의 측정과 보시報時로 요약해 볼 수 있다.

천문 현상의 관측과 기록

매일 밤 천문 현상을 관측 및 기록하는 일은 관상감 천문학 분야의 가장 기본적인 업무라고 할 수 있다. 앞서 언급했듯이, 관상감 관원은 3명이 1개 조가 되어 조별로 순번을 돌며 매일 관천대觀天臺에서 입직 근무를 보았다. 관상감의 입직 규정은 아래의 【표 3】이 참고된다. 번番은 상·중·하 세 개로 구분되고, 각 번의 인원은 3명이며, 각 번은 정해진 순서에 따라 시간대별로 근무를 섰다. 가령, 1일차 ① 구간 근무에 하번이 처음으로 서면, 다음 중번이 ② 구간 근무를 서고, 이어서 하번이 ③ 구간 근무를 서고, 다음 상번이 ④ 구간 근무를 서고, 이어서 중번이 ⑤ 구간 근무를 선 후 2일차가 되면 다시 상번이 ① 구간 근무를 서는 방식이었다. 그리고 3일차에 중번이 ⑤ 구간 근무까지 서면 다음 차례의 상·중·하번 관원과 교대를 했다. 1일차 하번의 첫 근무 시간이 일출-정오였기 때문에 근무 교대는 묘시卯時[5-7시]에 이뤄졌다. 근무 교대는 전후임 관원들이 서로 얼굴을 마주 보고 확인한 후 교대하는 방식이었다. 상번은 주로 늦은 밤이나 새벽 시간대에, 중번은 오후와 초저녁, 이른 새벽 시간에, 하번은 새벽과 오전 낮시간, 초저녁 시간대에 주로 투입되었다.

구분	1일차					2일차					3일차					계
시간대	일출-정오 ①	정오-초혼 ②	1경-2경 ③	3경-4경 ④	5경-매상 ⑤	일출-정오 ①	정오-초혼 ②	1경-2경 ③	3경-4경 ④	5경-매상 ⑤	일출-정오 ①	정오-초혼 ②	1경-2경 ③	3경-4경 ④	5경-매상 ⑤	
상번 (上番)				○			○			○				○		4회
중번 (中番)			○		○	○			○						○	5회
하번 (下番)	○	○						○			○	○	○			6회
계																15회

※ 동틀 무렵(開東)부터 해뜨기 전까지를 '매상(昧爽)'이라 하고, 해진 후부터 봉화가 오르기 전까지를 '초혼(初昏)'이라 했다.
5경이 끝나는 시각은 개동(開東)과 일치하도록 맞춰져 있었다.

표 3 관상감 관원 입직 규정(『서운관지』)

근무에 투입된 관상감 관원은 근무를 서는 동안 발생한 천문 현상을 관측하고 기록하고 보고했다. 대상이 되는 천문 현상으로는 33종이 있었다. 크게 관측 즉시 보고해야 하는 현상 8종(卽啓)과 서면으로 보고하는 현상 25종(書啓)으로 구분된다. 관측 즉시 보고해야 하는 현상은 흰 무지개가 해와 달을 꿰뚫는 백홍관일(白虹貫日)과 백홍관월(白虹貫月), 크고 작은 지진[또는 지동], 꼬리의 유무나 방향으로 구분하는 다양한 형태의 혜성[객성, 패성, 치우기), 그리고 낮에 떨어지는 별, 즉 영두성螢頭星이다. 이러한 현상은 상대적으로 '심각한' 재이로 간주되었기 때문에 관측 즉시 보고해야 했다. 서면으로 보고하는 현상은 주로 해와 달에 관련된 기상현상이었다. 훈暈, 이珥, 관冠, 배背, 포抱, 경璚, 극戟, 리履라고 해서 해와 달 주위에 어떤 '불길한' 기운이 드리우면 그 기운의 색이나 위치를 세분해서 파악했다. 천체현상으로는 일월식과 태양흑점, 매일 밤 달과 오행성이 범犯·식食·입入하는 현상, 태백성[금성]이 낮에 보이는 현상, 유성과 비성이 떨어지고 날아오르는 현상이 있었고, 계절에 맞지 않게 일어나는 현상도 서면으로 보고했는데, 가령, '홍장불현虹藏不見' 후부터 '홍시현虹始見' 전까지의 무지개,[97] 뇌시수성雷始收聲' 후부터 '뇌내발성雷乃發聲' 전까지의 천둥,[98] '뇌시수성雷始收聲' 후부터 '시뢰始雷' 전까지의 번개,[99] 상강霜降 이전 입하立夏 이후의 서리, 입하立夏 후부터 소설小雪 전까지의 눈 등이었다. 이 밖에 운기雲氣와 우박(雹), 안개(霧), 비(雨), 흙비(土雨) 등이 관찰되면 서면으로 보고했다. 이상의 현상 중 백홍관일과 일월식은 그림까지 그려 보고해야 하는 현상이었다.

다음 보고하는 방법과 절차도 '즉계卽啓'와 '서계書啓'로 구분되었다. 즉계는, 낮일 경우에는 상번이 바로 승정원承政院과 시강원侍講院에 구두로 보고하고, 밤일 경우에는 소단자小單子를 작성해 문틈에 넣어 보고했다. 그리고 중번과 하번은 세 정승과 관상감의 두 제조에게 나누어 알리고, 서원書員을 통해 관상감 구임久任에게도 보고했다.[100] 서계는 단자를 작성해 보고하는 것이었다. 단자를 작성할 때는 관측한 시간과 내용을 모두 사실 따라 작성했다. 해당 현상이 일어나면 처음 관측한 인원이 기록하되, 나중에 내용을 정리하여 수정단자修正單子를 보고할 때는 하번이 2건을 작성해서 승정원과 시강원에 1건씩 보내고, 추가적으로 소단자小單子 4건을 더 작성해 2건은 승정원과 당후堂后에, 1건은 시강원에, 그리고 나머지 1건은 내각內閣(규장각)에 보냈다. 그리고 날이 밝으면 자격장自擊匠을 시켜 세 정승과 관상감의 두 제조와 수당首堂, 구임久任에게 해당 내용을 보고했다.[101]

이렇게 매일같이 관측한 내용은 『풍운기風雲紀』라는 책으로 엮었다.[102] 『풍운기』에는 오전과 오후, 그리고 매경每更에 어떤 현상이 있었는지 조목별로 적고, 훗날의 고증을 위해 해당 현상을 관측한 관상감 관원의 이름도 아래에 함께 적었다. 또 관측 기록을 6개월 단위로 묶은 『천변초록天變抄錄』을 매년 정월과 7월에 춘추관春秋館으로 따로 보내기도 했다.[103]

문광도 역시 오랫동안 관천대에서 천문 관측 업무를 보았을 것이다. 영사와 제조를 제외하고 관상감 중인 관원 중에서는 천문학의 겸교수와 구임久任, 부연관赴燕官, 본청임관本廳任官, 삼력청임관三曆廳任官이 입직 근무에서 제외되었으니,[104] 18세 때 완천되고 나서 겸교수로 승진한 41세 무렵(1767)까지 최소 23년 동안은 관천대에서 순번을 돌며 입직 근무를 섰을 것이다. 다만, 문광도의 입직 근무에 관한 기록은 없고, 영조 46년(1770) 윤5월의 객성 관측에 참여했던 사실이 확인된다. 당시는 문광도가 겸교수를 거쳐 천전한 이후 의영고義盈庫 주부主簿를 맡고 있을 때였다.[105] 그래서 입직 근무에서는 빠진 상황이었을 텐데, 아마도 영조의 특명으로 객성 관측에 투입되었던 것이 아닌가 싶다. 객성은 영조 46년 윤5월 7일 밤 1경 관상감의 객성단자客星單子를 통해 처음 보고되었다. 다음날 문광도는 안국빈 등과 함께 성변 측후에 투입되었고, 11일에는 관상감 관원과 함께 남산南山에 올라 관측을 했다. 문광도는 관측을 마치고 돌아와서 객성이 소멸된 듯하다는 보고를 올렸고, 5일간의 객성 관측은 이렇게 종료되었다.[106]

구분	연번	측후 대상	설명
즉시보고	1	백홍관일(白虹貫日)	흰색 무지개 기운이 해를 꿰뚫는 현상
	2	백홍관월(白虹貫月)	흰색 무지개 기운이 달을 꿰뚫는 현상
	3	지동·지진 (地動·地震)	- 지동: 땅의 움직임이 급하고 빠른 것 - 지진: 땅의 움직임이 완만하고 느린 것

	4	객성(客星)	별의 형체가 항성과 다른 것
	5	혜성(彗星)	별에서 뻗어 나오는 빛의 꼬리가 한쪽으로 치우친 것
	6	패성(孛星)	별에서 뻗어 나오는 빛의 꼬리가 사방으로 퍼지는 것
	7	치우기(蚩尤旗)	혜성과 비슷한데 뒤쪽이 깃발처럼 굽은 것
	8	영두성(營頭星)	낮에 떨어지는 별
	9	일월적색(日月色赤)	해나 달이 뜨거나 질 때 색깔이 붉은 현상
	10	일중흑자(日中黑子)	해 가운데 어둡고 검은 기운이 있는 것
	11	일월식(日月食)	일식과 월식
	12	월오성범식입 (月五星犯食入)	달과 5행성의 범(犯)·식(食)·입(入) - 범: 달과 5행성의 빛이 서로 한 치 이내로 미치는 것 - 식: 5행성이 달 가운데로 들어가 형체가 보이지 않는 것 - 입: 5행성이 달 가운데로 들어갔으나 형체가 보이는 것
	13	태백주현(太白晝見)	금성이 낮에 보이는 현상
서면보고	14	유성·비성 (流星·飛星)	- 유성: 별이 위에서 아래로 내려오는 것 - 비성: 별이 아래에서 위로 올라가는 것
	15	화광(火光)	저녁이나 밤에 불과 같은 기운이 올라가거나 내려오는 현상
	16	일월훈(日月暈)	무지개 같은 기운이 해나 달을 둘러싸고 있는데, 안쪽은 붉고 바깥쪽은 푸른 것
	17	일월이(日月珥)	해나 달의 곁에 기운이 귀고리처럼 둥글게 맺힌 것
	18	일월관(日月冠)	해나 달의 위에 기운이 있는데, '일(一)' 자 모양이고 양 끝이 아래로 굽은 것
	19	일월배(日月背)	해나 달의 위에 기운이 있는데, '일(一)' 자 모양이고 양 끝이 위로 굽은 것
	20	일월포(日月抱)	해나 달의 곁에 반훈형(半暈形)의 기운이 있는 것

구분	연번	측후 대상	설명
	21	일월경(日月璚)	해나 달의 곁에 기운이 있는데, 이(珥)와 비슷하나 구멍이 있는 것
	22	일월극(日月戟)	해나 달의 아래에 세워 놓은 창 모양의 기운이 있는 것
	23	일월리(日月履)	해나 달의 아래에 '일(一)' 자 모양의 기운이 있는 것
	24	운기(雲氣)	날씨가 맑은 날 흰 구름이나 검은 구름의 너비가 한 자 남짓, 길이나 10여 길 되거나 하늘에 두루 퍼지는 현상
	25	무지개(虹)	'홍장불현(虹藏不見)' 후부터 '홍시현(虹始見)' 전까지의 무지개
	26	뇌동(雷動)	'뇌시수성(雷始收聲)' 후부터 '뇌내발성(雷內發聲)' 전까지의 천둥
	27	전광(電光)	'뇌시수성(雷始收聲)' 후부터 '시뇌(始雷)' 전까지의 번개
	28	박(雹)	우박
	29	무(霧)	연기와 비슷하지만 연기가 아닌 것을 무기(霧氣), 지척(咫尺)을 분간할 수 없는 것을 '침무(沈霧)'라고 한다.
	30	상(霜)	엷은 것을 '상기(霜氣, 서리기운)', 두터운 것을 '하상(下霜, 내리는 서리)'라고 한다.
	31	설(雪)	'입하(立夏)' 후부터 '소설(小雪)' 전까지의 눈
	32	우(雨)	비
	33	토우(土雨)	흙비

표 4 관상감의 측후測候 대상(『서운관지』)

1. 백홍관일白虹貫日

〈인조 5년 1월 28일〉	〈인조 10년 3월 1일〉	〈인조 10년 3월 2일〉	〈인조 16년 12월 5일〉	〈인조 17년 1월 11일〉

〈인조 17년 1월 21일〉	〈인조 19년 1월 16일〉	〈인조 19년 1월 22일〉	〈인조 20년 윤11월 30일〉

〈인조 21년 1월 22일〉	〈인조 24년 3월 7일〉	〈효종 4년 2월 7일〉	〈효종 4년 2월 26일〉

2. 일식日食

〈인조 14년 7월 1일〉	〈인조 15년 12월 1일〉	〈인조 19년 10월 1일〉	〈인조 21년 2월 1일〉

〈인조 26년 5월 1일〉	〈효종 1년 10월 1일〉	〈효종 6년 7월 1일〉

3. 백홍관월白虹貫月

〈인조 14년 3월 12일〉	〈인조 27년 1월 17일〉	

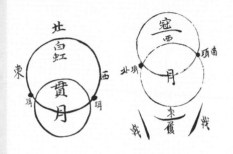

4. 월식月食

〈인조 5년 12월 14일〉	〈인조 10년 3월 16일〉	〈인조 14년 7월 16일〉	〈인조 15년 11월 16일〉

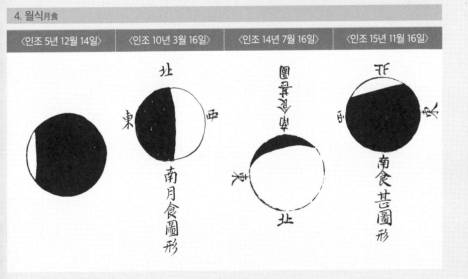

〈인조 16년 5월 15일〉	〈인조 17년 5월 15일〉	〈인조 17년 11월 16일〉	〈인조 19년 3월 16일〉
〈인조 23년 윤6월 16일〉	〈인조 24년 6월 16일〉	〈효종 3년 8월 16일〉	〈효종 4년 윤7월 15일〉

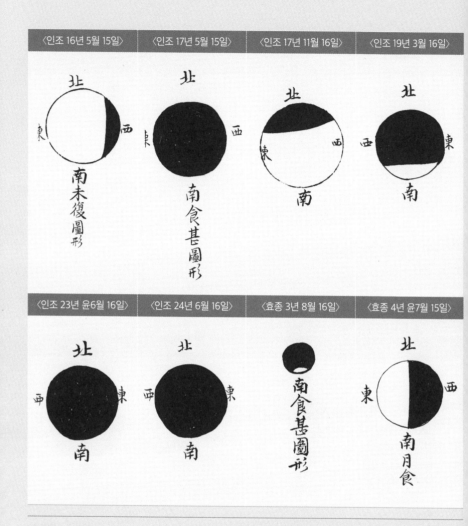

표 5 『재이고災異考』(17세기 중반)의 재이 도형, 서울대학교 규장각한국학연구원 소장

역서의 편찬과 간행

매일 밤 천문 현상을 관측 및 기록하는 일이 관상감 천문학 분과의 가장 기본적인 업무였다면, 역서曆書를 편찬 및 간행하고 배포하는 일은 관상감 천문학 분과의 업무 중에서 가장 규모가 크고 중요한 업무였다. 일반적으로 전통사회의 역서나 역법曆法이라고 하면, 당시의 달력 그 자체나 달력을 만드는 법이라고 할 수 있다. '하늘의 시간을 밝혀 백성들의 생활에 쓸 수 있게 해 주는 것'을 역曆이라고 하는데, '하늘의 시간을 밝힌다'라는 것의 실질적인 의미는 '자연으로부터 시간을 취한다'는 것이다. 1년 12달, 1일 24시간과 같은 시간 개념은 자연(천체 운행)에서부터 나온 것이지만 사실 자연 상태에서 존재하는 것이 아니라 인간이 이룩한 문명 속에서 존재하고 의미가 있는 것이다. 역은 일종의 전환 장치라고 할 수 있는데, 자연으로부터 취한 시간을 사람들이 따라야 할 시간적 규범으로 전환해 주는 장치가 바로 역이고, 그 활동의 결과물이 역서와 역법이 되는 것이다.[107]

조선 후기 관상감에서 발행한 역서는 다양했다.[108] 역서는 포괄 기간에 따라 연력年曆과 장기력長期曆으로 구분할 수 있고, 수록 내용에 따라 일과력日課曆과 칠정력七政曆으로 구분할 수 있으며, 역서 편찬에 사용된 역법에 따라 시헌력時憲曆과 대통력大統曆으로 구분할 수 있다. 연력은 1년 동안의 역을 담고 있는 역서로 매년 동지에 간행되었다. 특히, 왕실에서부터 민간에 이르기까지 널리 배포되어 일상적으로 쓰였던 역서는 일과력이었다. 조선 후기에는 대부분 시헌력법을 써서 편찬·간행되었으므로 이는 연력 중 '시헌일과력時憲日課曆'이 되는 것이다. 조선 후기의 역서라고 하면 일반적으로 이 시헌일과력을 가리킨다. 이 시헌일과력에는 일년의 총일수, 달의 대소大小, 12달의 역일曆日, 세차歲差·월건月建·일진日辰 등의 기본적인 항목들과 24절기의 입기入氣 시각, 해가 뜨고 지는 시각, 밤낮의 길이, 그리고 날짜와 방위의 길흉과 관련된 여러 역주曆註가 수록되었다. 일과력 중에는 왕실용으로 특별히 편찬한 내용삼서內用三書 또는 내용삼력內用三曆이라는 역서도 있었다. 이 역서는 왕실의 행사 때 참고할 목적으로 만든 것으로 간행 부수가 극히 적었다. 내용은 보통의 일과력에 '그날 하면 좋은 일'과 '그날 하면 안 좋은 일'이 추가된 것이었다.

시헌력법으로 만든 연력 중에 '시헌칠정력'이 있었다. 칠정七政이란 해와 달, 오행성五行星을 의미하고 네 개의 가상의 별인 사여성四餘星도 역법 계산에 포함되어 있었다. 칠정력은 기본적으로 국왕과 세자에게 만들어 바치는 역서였고, 관상감 관원도 역법 계산에 실무적으로 참고했다. 천체의 운행을 알아야 하늘의 뜻(천명)에 부합하는 정치를 펼칠 수 있다는 이유에서 국왕과 세자에게 칠정력을 지어 바쳤다. 조선 후기에는 대통력법으로도 일과력과 칠정력을 만들었다. 반포할 목적은 아니었고, 국왕에게 진상할 목적으로 한 부 정도만 필사하여 만들었던 보조적 의미의 역서였다.

장기력은 10년이나 100년 또는 그 이상의 장기간에 걸친 시간을 담고 있는 역서이다. 정기적으로 간행되었으며, 시헌력법으로 계산한 것과 대통력법으로 계산한 것이 있었다. 이 중 천세력千歲歷은 일과력 계통의 역서로 연력 중의 일과력의 뼈대가 되는 내용만을 간략하게 실었으며, 그것을 편찬하는 해 이후 100년간의 역을 담는 것을 원칙으로 하였다. 천세력은 정조 6년(1782)부터 20세기 초까지 10년에 한 번씩 편찬되었고, 대한제국 선포 이후 1904년판부터는 이름을 만세력萬歲曆으로 고쳤다. 장기력 중 백중력百中曆은 다른 역서들과는 달리 이미 지나간 시간의 역으로 일종의 '과거력過去曆'이라고 할 수 있다. 천세력과 마찬가지로 10년에 한 번씩 편찬되었고, 일과백중력은 20세기 초까지, 칠정백중력은 철종 12년(1861)까지 간행되었다.

역서 편찬은 관상감의 삼력관三曆官이 담당했다. 시헌일과력의 경우는 보통 10월초에 이듬해의 업무를 담당할 관원들을 정하는 일에서부터 시작되었다. 12명의 삼력관을 3명씩 4개조로 나눠 각 조가 봄, 여름, 가을, 겨울의 한 계절씩을 맡아 역계산과 검산을 마친 후 초고를 내면 사자관寫字官이 목판에 새길 정본을 깨끗하게 썼고, 이것을 다시 삼력관들이 세 번씩 교정을 본 후 목판에 새겼다. 이 목판으로 몇 장씩을 찍어서 그것을 가지고 다시 세 번씩 교정을 본 후 교정이 모두 완료되면 인쇄 작업에 들어갔다. 4월 초하루부터 시작해서 대체로 초판初板(1-4월판) → 중판中板(5-8월판) → 월력판月曆板·종판終板(9-11월, 연신판) → 종종판終終板(12월, 기연판)의 순서로 인쇄를 하고, 동지 전에 모든 작업이 마무리되도록 했다. 이러한 과정을 거쳐 만든 시헌일과력의 한 해 인출량은 18세기 후반 무렵에는 293,400건이었고, 19세기 후반 무렵에는 353,881건이었다. 인쇄까지 완료된 역서는 왕실과 종친, 고위관료, 각 행정관청, 서울과 지방의 관아, 그리고 민간에 배포되었다.

문광도는 영조 46년(1770) 그의 나이 44세에 삼력관이 되었다. 그리고 그 이듬해에 함흥 감목관으로 나아갔으니, 관상감에서 삼력관으로서 활동한 기간은 1년 남짓이었을 것으로 보인다. 그렇다면 문광도가 삼력관으로서 역서 편찬에 참여한 것이 1년밖에는 되지 않았을까. 그렇지는 않았을 것이다. 영조 43년(1767) 12월 8일 황윤석黃胤錫의 『이재난고頤齋亂藁』에는 다음과 같은 기록이 나온다. "현재 관상감에 관원이 24원員이 있지만 그 가운데 한 사람도 일월식(交蝕)을 계산할 수 있는 사람이 없어서, 그들이 서로 자신들의 녹료祿料[산료散料]를 모아서 문광도에게 의식衣食을 마련할 비용으로 지급하고 그의 손을 빌려 추산을 하고 있으니, 관상감의 관원들은 인원수만 채우고 있는 '비원備員'에 불과할 뿐이어서, 만약 그가 없어지기라도 하면 장차 일월식을 추산할 사람이 없을 것이다"라는 것이다.[109]

인용문에서 언급한 '관상감 관원 24원員'은 삼력수술관三曆修述官 12명과 칠정추보관七政推步官 12명을 의미하는 것으로 보인다. 일과력과 내용삼력의 계산을 담당하는 이들을 삼력수술관三曆修述官이라고 했고, 칠정력의 계산을 담당하는 이들을 칠정추보관七政推步官이라고 했다. 삼력수술관과 칠정추보관은 매년 각각 12명이 선발되었고, 이들은 반드시 30명의 삼력관들 중에서만 선발되었다. 삼력관 중에서 선발된 24명이 산료를 받고 그해의 역서 편찬을 전담했던 것이라고 할 수 있는데, 황윤석의 기록에 따르면, 그 24명이 산료를 모아 문광도에게 주고 역曆 계산을 의뢰했다는 것이다. 황윤석의 기록이 맞다면, 문광도는 이미 삼력관이 되기도 전부터 역서 편찬에 참여하고 있었던 것이고, 그만큼 문광도의 실력이 뛰어났었다는 것을 알 수 있다.

시간의 측정과 보시

조선에서는 하루를 12간지干支에 따라 자시子時부터 해시亥時까지 12개의 시간 단위로 구분했다. 오늘날의 시간으로 환산하면 자시子時는 23-01시, 축시丑時는 01-03시, 인시寅時는 03-05시, 묘시卯時는 05-07시, 진시辰時는 07-09시, 사시巳時는 09-11시, 오시午時는 11-13시, 미시未時는 13-15시, 신시申時는 15-17시, 유시酉時는 17-19시, 술시戌時는 19-21시, 해시亥時는 21-23시이다. 그런데 이러한 한 시각은 다시 초初와 정正으로 나뉘었다. 가령, 오시[11-13시]는 오초午初와 오정午正으로 구분되어 오초는 11-12시가 되고 오정은 12-13시가 된다. 그래서 실제로는 지금과 같은 하루 24시간 구분이었다고 할 수 있다.

그리고 하루는 다시 100각으로 세분되었다. 24시간을 기준으로 하면 1시간은 4+¼각이 된다. 처음의 4각, 즉 초각初刻, 일각一刻, 이각二刻, 삼각三刻은 지금의 14분 24초의 크기이고, 마지막 사각四刻은 2분 24초의 크기이다.

밤 시간은 경更과 점點으로 구분했다. 밤의 시작을 혼昏이라 하고 밤의 끝을 단旦 혹은 신晨이라고 했다. 혼은 일몰 후 2.5각을 말하고, 신은 일출 전 2.5각을 말한다. 밤이라고 하면 이 혼부터 신까지의 시간을 의미한다. 이 밤의 길이를 5등분하여 경이라고 했고, 한 경을 다시 5등분 한 것이 점이다. 그래서 밤은 총 25점으로 구분되었다. 밤의 기준이 되는 것이 해의 출몰이 었기 때문에 밤의 길이는 계절에 따라 달랐다. 1년 중 밤의 길 이는 하지夏至 때가 가장 짧고 동지冬至 때가 가장 긴데, 경과 점 의 길이도 그에 따라 달라졌다. 이러한 시제를 부정시법不定時法 이라고 한다.

이러한 시간을 측정하고 알리는 업무 또한 관상감에서 매일 같이 수행했던 중요한 업무였다. 조선에서 공식적으로 시간을 측정하는 일은 한양의 궁궐 안에서 이뤄졌다. 궁궐 안에서 시 간을 측정하면 그 시간은 광화문光化門을 거쳐 종로에 있는 종 각鐘閣으로 전달되었고, 종각에서 종을 쳐 도성 안에 시간을 알 렸다. 이렇게 알려진 시간은 다시 사대문으로 전달되었고, 시간 에 맞춰 성문을 열거나 닫았다. 계절에 따라 성문을 여닫는 시 간이 달랐는데 대략 일경一更(현재 저녁 7시 무렵)이 조금 지나면 인 정人定이라 하여 성문을 닫았고, 오경五更(현재 새벽 5시 무렵)이 되 면 파루罷漏라고 해서 성문을 열었다. 이렇게 성문을 여닫고 도 성 생활을 통제하는 것은 정확한 시간 측정에 기초해서 이루어 졌다. 조선에서 이 업무를 맡았던 부서가 관상감이었으니, 조선 시대 관상감의 중요성을 새삼 느낄 수 있다.

관상감 관원들은 여러 시계를 활용해서 시간을 측정했다.

조선에서 사용한 시계로는 해시계와 물시계가 있었고, 별시계도 사용되었다. 해시계는 해의 그림자 길이를 재서 시간을 측정한다. 솥처럼 오목한 모양의 앙부일구仰釜日晷가 대표적인 해시계였는데, 시간과 절기節氣를 함께 알 수 있는 다용도 시계였다. 사용법이 간단하고 크기도 비교적 작아 조선시대 내내 여러 형태로 제작되어 널리 사용되었다. 물시계인 자격루는 세종 대 장영실蔣英實이 만든 것으로 알려져 있다. 세종 15년(1433) 9월경 시제품격인 자격궁루自擊宮漏를 제작했고, 이듬해인 세종 16년(1434) 7월 1일부터 새로 만든 자격루가 국가 표준시계로 사용되었다. 자격루는 물시계 부분[파수호+수수호]과 자동 시보장치 부분으로 나뉘는데, 물시계 부분에서는 시간을 측정하고, 자동 시보장치 부분에서는 종·북·징이 자동으로 시간을 알려 준다. 일성정시의日星定時儀라는 별시계도 있었다. 낮에는 해의 이동, 밤에는 별의 일주운동을 보고 시간을 측정하는 시계였는데, 해로는 앙부일구를 활용한 시간 측정이 더 간편했기 때문에 야간 별시계로의 활용이 더 많았을 것으로 보인다. 특히, 일성정시의는 자격루의 오차를 바로 잡는 데에 중요하게 사용되었다.

그런데 문광도가 관상감에서 근무하는 동안 이러한 시간 측정에 관한 업무를 수행했을 가능성은 낮다. 조선 후기 관상감에는 천문학·지리학·명과학의 삼학 관원들 외에도 금루관禁漏

官과 사자관寫字官, 화원畵員 등의 속관屬官이 별도로 존재했다. 이 중 금루관은 물시계를 써서 시각을 측정하는 일을 담당했는데, 주로 대궐 안의 누각漏閣을 관리하고 운영하는 일과 왕실이나 조정의 여러 행사에 주시관奏時官으로 나아가 시각을 알려 주는 일을 맡았다. 『경국대전』 이래로 관상감에는 30명의 금루원이 속해 있었다. 세종 7년(1425) 8월 30일 40명으로 정해졌던 정원이 성종 6년(1475) 11월 24일 30명으로 줄었고, 이것이 그대로 『경국대전』에 수록되었다. 18세기 중반 무렵에도 관상감 소속의 금루관은 30명이었다.[110] 문광도가 이러한 금루관을 지냈다거나 금루의 업무를 맡았다는 기록은 없다. 그래서 문광도가 시간 측정에 관한 업무를 직접 수행했을 것으로 보이지는 않는다.

하지만 전혀 무관하다고 할 수도 없다. 영조 대 금루에 관한 문제는 천문역산학 분야에서 중요하게 다루어졌고, 문광도의 업무와도 관련이 깊었다. 첫째, 보루각報漏閣과 흠경각欽敬閣 보수補修 사업이다. 천문역산학에 대한 영조의 관심은 익히 알려진 바이다. 이 연장에서 세종 대의 천문의기를 복원하는 사업이 영조 대에 수행되었는데, 여기에는 보루각과 흠경각도 포함되어 있었다.[111] 왜란 때 훼손된 보루각과 흠경각은 광해군 대에 궁궐 재건 사업이 추진되면서 함께 복원되었다가 이후에 다시 훼손되었다. 영조는 즉위 이후 이들에 대한 복원에 관심을 가졌고, 영조 18-20년 무렵 흠경각과 보루각의 복원에 대한 논의가 전개되었다. 관련 기록이 소략하여 보수 작업을 시작했는지의 여부는 알 수 없으나 문광도가 활동할 무렵 보루각과 흠경각의 보수 작업과 관련하여 금루가 중요하게 여겨졌을 개연성이 높다.

둘째, 역법과 시법時法의 일치, 그리고 『누주통의漏籌通義』의 편찬이다. 영조 대 초반 천문역산학 분야의 현안 중 하나가 역법과 시법을 일치시키는 문제였다. 즉, 역법은 신법新法(시헌력)을 쓰면서도 시각법은 구법舊法을 쓰는 문제를 시급히 해결해야 했다. 이 문제는 영조 19-20년 무렵 해결되었다. 영조 19년(1743) 관상감 관원 안국빈安國賓이 연경燕京에 가 새로운 중성법을 배우고 『신법중성기新法中星記』와 『오야배시지법五夜排時之法』을 구해 가져온 덕분에 관상감의 금루관은 신법을 고험考驗할 수 있게 되었다. 그리고 영조 20년(1744) 입추부터 영조 21년(1745) 입추까지 절기마다 측후하고 물시계로 시간을 측정해 보니 구법은 10도 정도의 차이가 발생했지만 신법은 한결같이 맞았다고 한다. 이 성과를 바탕으로 안국빈이 편찬한 책이 바로 『누주통의』였다.[112] 영조 30년(1754) 윤4월 17일 기록에 따르면, "구루晷漏의 신법을 배워 오지 못해 구법을 그대로 썼는데, 영조

20년 안국빈, 김태서가 연경에 가서『신법중성기』와『오야배시지법』을 구해 왔고, 이후 안국빈, 이세연, 김태서 등이 금루에 윤직하면서 천도天度를 고험하였다. 그리하여 영조 20년 입추부터 매일 밤 측후하고 물시계로 시간을 재니 한결같이 들어맞았고, 안국빈 등이 옛 방법으로 신법을 밝혀『누주통의』를 편찬하였다"고 한다.[113] 같은 날 안국빈, 이세연, 김태서 등은『누주통의』를 편찬한 노고를 인정받아 가자加資되었다.[114] 이상의 금루 분야 업무가 진행되는 동안 문광도는 관상감 관원으로서 천문역산학 활동을 하고 있었으니, 영조 대 금루 분야 정비 업무에도 충분히 관여했을 개연성이 높다고 할 수 있다.

천문학의 '학學'

18세기 서양 수학의 전수 관계로서 '홍양해 → 문광도 → 서호수'의 계보는 진작부터 검토된 바이다.[115] 여기에서의 서양 수학은『기하원본幾何原本』이나『수리정온』과 같은 한역 서양 수학서의 수리과학數理科學인데, 18세기 관상감의 일월교식日月交食 등 천체현상의 계산은 수리과학을 통해 이뤄진 것이므로,[116] 문광도는 홍양해로부터 천체현상의 계산에 필요한 수학을 배운 것이라고 할 수 있고, 또 이를 서호수에게 가르친 것이라고 할 수 있다.

여기에서는 홍양해와 문광도의 학문적 교유, 또 문광도와 서호수의 학문적 교유를 차례대로 살펴보고자 한다. 두 만남의 공통점은 신분을 초월한 교유였다는 것이다. 홍양해와 서호수는 두말할 것도 없이 당대의 명문 사대부 가문 출신이었고, 문광도는 역관 집안 출신의 중인이었다. 영조 42년(1766) 봄 황윤석이 서호수를 통해 당대 최고의 역산 전문가로 문광도를 소개받았을 때, 그가 사대부가 아니라서 만나기가 주저된다고 했던 반응에서 당시의 분위기를 엿볼 수 있다.[117] 조선 사회의 엄격했던 신분 질서 속에서 양반과 중인이 '동료'로서의 관계를 맺고 학문적으로 교유하는 것이 흔한 일은 아니었다. 문광도 외에도 몇 사례를 찾을 수는 있으나 이는 극히 예외적인 경우였다.

문광도와 홍양해의 교유

우선, 문광도가 홍양해로부터 서양 수학을 배울 수 있었던 배경에는 18세기 중반 낙론계의 개방적인 교육철학이 있었다고 생각한다. 적지 않은 연구에서 홍양해를 한원진의 제자로서 호론계를 이끈 호서산림으로 분류하지만, 그의 가문은 낙론계였다. 그래서 홍양해는 낙론계 가문 출신으로서 훗날 호론계로 진출한 인물이라고 보는 것이 더 옳을 것이다. 이 점에서 홍양해는 낙론계의 가문적 배경 위에 호론계의 학문적 세례를 받았던 것이라고 할 수 있다.

홍양해 가문은 낙론계 중에서도 핵심 인물이었던 이재李縡와 직접 연결된다. 이재는 홍양해의 증조부 홍수헌의 처조카였고,[118] 홍양해의 부친 홍계백의 스승이었다.[119] 특히, 홍수헌 내외와 이재는 가까운 사이였던 것 같다. 이재가 일찍 아버지를 여의어 홍수헌의 부인이 이를 애석하게 여겼고,[120] 이재가 홍수헌의 5촌 조카인 홍우현洪禹賢의 딸과 혼인하여 겹사돈 사이기도 했다.[121] 또 숙종 28년(1702) 3월 이재가 알성문과謁聖文科에 병과丙科로 급제했는데, 당시 홍수헌이 고관考官으로 참여해, 고관의 친족이 합격했다며 과거科擧 부정을 의심받기도 했다.[122]

일반적으로 이재는 이간李柬의 학문과 사상을 계승한 것으로 평가받는다.[123] 이간은 권상하의 제자로 정치적으로는 노론 강경파로 분류되지만,[124] 철학적으로는 '통합'을 강조했던 인물이다. 요컨대 이간은, 미발未發은[125] 순선純善하고, 범인凡人과 성인聖人은 미발에서 다른 점이 없으며, 인간과 사물의 본성은 모두 오상五常을 갖추어 원칙적으로 같다고 주장했다. 반면에 한원진은 미발 단계에서부터 기질氣質이 개입되고, 범인凡人과 성인聖人은 구별되며, 인간과 사물의 본성은 역시 구별된다는 점을 강조했다. 철학적으로 이간이 통합을 강조한 것이라면, 한원진은 '분별'을 강조했던 것이다. 사실, 한원진과 이간의 사상적 차이는 이 시기 사상계의 분위기를 대변하는 것이라고 보아도 무리는 없다. 한원진의 차별성의 확인 노력이 질서·법칙의 일원화·절대화를 지향하는 의도와 통하는 것이라면, 이간의 동질성 강조는 세계의 보편화·다원화를 추구하는 흐름과 관련이 있다고 할 수 있다.[126]

이 연장에서 낙론계의 교육이념이 주목된다.[127] 이재는, 사람은 누구나 학문을 할 수 있다고 생각했고, 어리석은 자는 더욱 가르치지 않을 수 없다고 했다. 학문의 도는 다른 것이 없고 다만 사람이 되는 도를 배우고 기질을 변화시키는 것이라고 했다. 그 기질이 아름다운 자는 비록 학문할 줄 모르더라도 스스로 악한 짓을 하지 않지만, 기질이 좋지 못한 사람이 학문할 줄 모르면 어리석은 자는 더욱 어리석어지고 탁한 자는 더욱 탁해져 금수禽獸와 거의 가깝게 된다고 했다. 특히, 이재는 학문에 뜻을 둔 선비라면 서울과 지방을 막론하여 문하에 두었고, 비천卑賤한 사람도 교육을 받을 수 있도록 했다. 이재는, 사람은 귀천과 존비尊卑에 관계없이 모두 천부적 자질이 있으니 이것은 하늘이 사람에게 부여한 바로 누구도 금할 수 없는 것이라고 하였다. 18세기 낙론의 거두 김원행金元行도 이와 유사한 입장이었는데, 석실서원石室書院에는 장유長幼와 귀천貴賤에 상관없이 독서에 뜻을 두고 배우고자 하는 자는 모두 입학할 수 있었다. 요컨대 낙론계는 신분적 동질성을 강조한 연장에서 계층적 신분을 초월한 교육의 당위성과 필요성을 주장했던 것이다.

홍양해가 문광도를 가르치게 된 경위는 알 수 없지만, 그 이면에는 낙론계의 이러한 개방적이고 신분 초월적인 교육이념이 있지 않았을까 한다. 위에서 살펴본 바와 같이 홍양해는 낙론계 집안 출신이었고, 기본적으로 이간·이재의 영향을 받았을 것이다. 그 요체는 사람과 사람 사이의 동질성을 인정하는 것이고, 이 연장에서 신분을 초월한 교육이념이 형성되었다. 문광도가 역관 집안 출신의 중인으로서 홍양해와 교유하며 가르침을 받을 수 있었던 배경에는 이러한 낙론계의 교육철학이 있었을 것이다.

한편,『사실기』에 따르면, 홍양해가 20세 무렵 문리文理가 드러나고 조예造詣가 깊어져 종유從遊하던 이들이 한결같이 스승으로 모셨고, 나이 많은 이들도 홍양해에게는 미치지 못했다고 한다.[128] 홍양해가 문광도를 가르친 시기는 홍양해가 충청도로 거처를 옮기기 전이었을 것으로 추정되는데, 아마도 이 무렵 홍양해가 서울에서 지내고 있을 때 홍양해를 종유하던 이들

중에 문광도도 있지 않았을까 추정된다. 참고로 이때 문광도는 16-17세 정도였고, 아직 관상감 생도로 완천되기 전이었다.

문광도는 홍양해로부터 『기하원본』을 배웠다고 한다.[129] 『기하원본』은 마테오 리치가 서광계와 더불어 유클리드Euclid의 『원론Elements』(전체 15권 분량)의 전반부를 한문으로 번역하여 1605년 북경에서 6권 분량으로 출간한 수학책이다.[130] 『기하원본』의 주요 내용은 점, 선, 면, 삼각형, 사각형, 마름모, 원, 평행선 등 다양한 선과 도형의 정의를 바탕으로, 여러 도형 사이의 관계 ― 가령, 원과 삼각형의 관계, 호와 현의 관계, 닮은꼴, 평행 등 ― 를 계산하여 구하는 문제들이 실려 있다. 현재 중고등학교 과정에서 배우는 단면 및 입체 도형의 면적과 부피 구하기, 삼각함수, 원의 방정식 등이라고 할 수 있다.

'기하幾何'는 본래 '얼마인가?'라고 묻는 말로, 중국 고대의 수학서 『구장산술九章算術』에서 사용된 용어인데, 마테오 리치가 이를 'Geometry'의 번역어로 채택하면서 책 제목으로 들어가게 되었다. 마테오 리치의 『기하원본』이 『원론』의 완역본은 아니지만, 중국과 조선에 서양 수학을 처음으로 전래한 의미 있는 수학서라고 할 수 있다. 비단 '처음 전래했다'는 의미만 갖는 것은 아니고, 전통적인 수리관數理觀과 다른 새로운 형태의 수리관을 제시했다는 데에 더 큰 의미가 있다. 성리학에서 수數는 리理

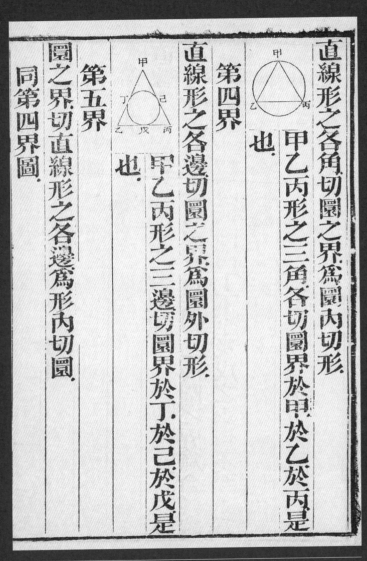

直線形之各角切圜之界爲圜內切形

甲乙丙形之三角各切圜界於甲於乙於丙是

第四界

也

直線形之各邊切圜之界爲圜外切形

甲乙丙形之三邊切圜界於丁於己於戊是

第五界

也

圜之界切直線形之各邊爲形內切圜

同第四界圖

그림 5 『기하원본』의 삼각형의 외접원와 내접원, 서울대학교 규장각한국학연구원 소장

의 구체적인 발현으로 파악되었는데, 『기하원본』의 수는 숫자를 세고, 사물의 크기를 재고, 길이와 넓이를 측정하는 도구였다. 이런 관점에서 마테오 리치는 "물체에서 유리된 수와 도度는 공허한 것인 반면에 『기하원본』의 수학은 실제 사물의 크기와 양을 다루는 올바른 수학"이라고 주장했다.

문광도가 『기하원본』을 얼마나 익혔는지는 알 수 없지만, 홍양해와 문광도가 수학 분야에서는 당대 최고였다는 여러 문헌의 전언傳言으로 보아 아마도 완벽히 섭렵하지 않았을까 여겨진다.

문광도와 홍양해의 교유는 홍양해가 충청도로 거처를 옮긴 이후에도 계속되었다. 홍양해의 문집인 『견와선생유고堅窩先生遺稿』에는 홍양해가 문광도에게 보낸 편지가 한 편 실려 있다. 이 편지는 문광도가 보낸 편지에 대한 답신이었는데, 문광도가 보낸 편지는 확인되지 않는다.

풍수(刑家)의 설은 고금古今의 여러 책에서 논의한 것이 매우 자세하지만, 가짜 책 또한 많다. 진짜와 가짜가 섞여 있어서 안목을 갖춘 자가 아니라면 쉽게 분별하기 어렵고, 분별이 비록 끝난다 하더라도 좋은 못자리는 반드시 많이 봐야 얻을 수 있다. 이 외에 다른 방법

은 없고, 오직 노력하는 데에 달려 있을 뿐이다. 옛사람
은 별자리(天星)에 대해 비밀스럽게 숨기고 말하지 않았
으나 그 실로 세간에서 산견散見되는 것에는 미진한 점
이 있지는 않다. 다만, 속사俗師로 인해서 사가四家의 수
법水法을 분별할 줄 모르고, 망령되게도 잘못 사용하여,
번거롭게 논박하여 사람을 속게 할 따름이다. 이것은
일찍이 조금 공부해 보니 모두 귀착점(薈落)이 있는데,
다만 멀리 떨어져 있어 서로 강론相講을 못하는 것이 한
스럽다. [131]

『남평문씨족보南平文氏族譜』에 따르면, 문광도의 부친 문백령
은 영조 34년(1758)에 사망했다. [132] 당시 문광도는 32살이었고,
음양과에 합격하여 관상감 관원 생활을 시작한 지 5년 정도가
지났을 무렵이다. 시기와 내용으로 보아 문광도가 이때 부친상
을 당해 부친의 묫자리 쓰는 문제와 관련하여 홍양해에게 상의
했던 것 같다. 그만큼 문광도와 홍양해가 친밀했다는 것을 알
수 있다. 홍양해의 답변은 간단했는데, 풍수風水의 이론을 정리
한 책은 진짜·가짜 할 거 없이 많지만, 좋은 묫자리인지는 많이
봐야 안다는 것이었다. 그리고 속사들이 묫자리의 수법도 모르
면서 사람을 속이는 게 문제라고 했다. 홍양해 또한 풍수를 공

부했었는데, 멀리 떨어져 있어 서로 자세히 논의하지 못하는 것을 아쉽게 생각했다.

홍양해의 대략적인 조언은 못자리 수성水城의 상관相貫(서로 페어짐)을 정하고, 못자리 주변 물흐름의 길흉吉凶을 분별하고, 길일吉日을 정하고, 광기壙氣를 넓히는 다양한 풍수설이 있지만, 한쪽으로 치우쳐서는 곤란하며 한꺼번에 알지 못하는 자가 어지럽게 해서는 안 된다고 했다. 당시 서씨徐氏 형제를 전문專門이라고 불렀지만, 함부로 논해서는 안 되고, 수법은 단지 처음에만 주관하고 멀리 떨어진 화복禍福에 관계된 것은 아니니, 알지 못하겠는 것은 그대로 두고 사세事勢와 형세形勢를 따르면 잘못이 작을 것이라고 했다.[133]

그리고 『사실기』에 따르면, 영조 40년(1764)에 문광도가 홍양해에게 교식법交食法에 대해 문의한 일이 있었다고 한다.

갑신년[영조 40년(1764)] 관상감이 교식交食 계산에 익숙하지가 않아 재자관賫咨官이 역서를 받으면 사사롭게 연경의 사천감에서 계산한 내용을 구하여 비교해 본 연후에 계품啓稟하는 잘못이 오랫동안 있었는데, 이때 이르러 저 중금中禁이 이를 막아 관상감이 크게 놀라 걱정했다. 관상감 생도 문광도로 하여금 문의問議하니, 홍양

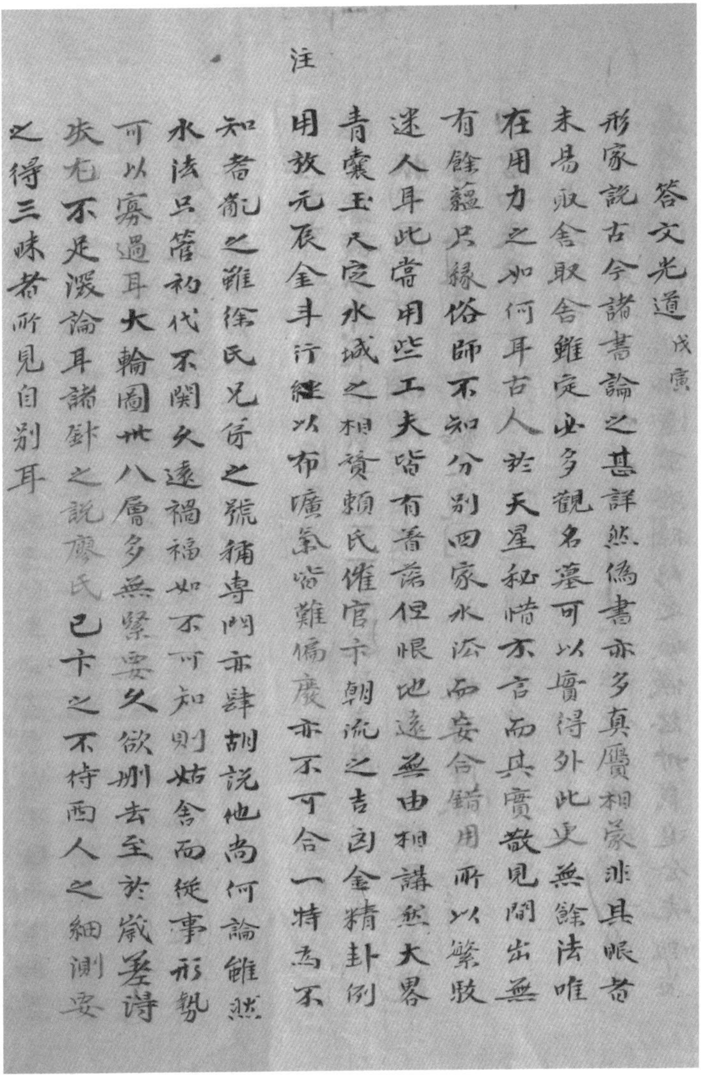

注

答文光道 戊廣

形家說古今諸書論之甚詳然僞書亦多真贗相蒙非其眼者
未易取舍取舍雖定必多觀名墓可以實得外此史無餘法唯
在用力之如何耳古人於天星秘悟不言而其實敬見聞出無
有餘蘊只緣俗師不知分別四家水法而妄合錯用所以繁敗
迷人耳此當用些工夫皆有昔席但恨地遠無由相講然大畧
青囊玉尺定水城之相資賴氏催官下朝流之吉凶金精卦例
用放元辰全丰行繼以布嘧氣皆難偏廢亦不可合一特爲不
知者亂之難徐氏兄弟之號輔專門亦辟胡說他尚何論雖然
水法只管初代不關久遠禍福如不可知則姑舍而從事形勢
可以寡過耳大輪圖地八層多無緊要久欲刪去至於嵗差詩
次无不足渡論耳諸鈥之說廖氏已卞之不待西人之細測矣
之得三味者所見自別耳

그림 6 『견와선생유고』 홍양해가 문광도에게 보낸 편지, 전남대학교도서관 제공

해는 "이것은 대식帶食이니, 일출 시에 복원復圓되지 않는 것은 버드나무 잎(柳葉)과 같다"라고 하며, 마침내 산정算定하여 기일에 맞춰 보고하게 하였다. 본감本監에서 교식을 오로지 추산하게 된 초기에는 나라 사람들이 모두 그것을 근심하였는데, 마침내 예측한 바가 차이가 없자 상[영조]께서 기뻐하시면서 문광도를 포상하였다. 홍양해는 일찍이 말했다. "수는 비록 작은 기예이지만, 정밀하게 꿰뚫지 않으면 높이(高)·깊이(深)·넓이(廣)·거리(遠)를 다룰 수 없다.[134]

위의 일화를 통해 문광도가 관상감 관원 생활을 하면서 천문학 계산과 관련된 어려운 문제를 홍양해와 상의했었다는 사실을 알 수 있다. 이때 문제가 되었던 것은 대식帶食이다. 대식은 지평선 부근에서의 식을 말한다. 『칠정산내편』에 따르면, 해가 달에 가려지기 시작(初虧)한 후 식심에 이르기 전인 일식의 진행 전반부에 해가 떠오르거나 지면 이를 대식이라 하였다.[135] 아래의 【그림 7】을 보면 일식이 진행되는 동안 달에 의해 가려지는 대식분이 마치 버드나무 잎과 유사해 보인다. 쉬운 이해를 돕기 위해 이와 같이 비유했던 것이 아닌가 싶다.

그런데 위의 기사에는 오류와 과장이 있다. 우선, 영조 40년

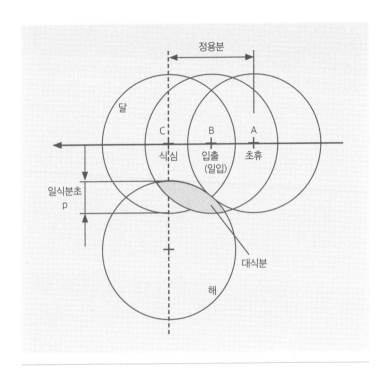

정용분

달

C 식심

B 입출
(일입)

A 초휴

일식분초
p

대식분

해

그림 7 대식분[136]

(1764)에는 일출 대식이 없었다. 영조 40년을 전후하여 서울에서
관측이 가능했던 일식을 정리해 보면 다음의 표와 같다.[137]

일출 대식은 영조 33년(1757) 7월 1일에 있었다. 『동문휘고同
文彙考』에 남아 있는 청 예부禮部의 자문咨文에도 조선에 대식이
있다고 적혀 있다.[138] 영조 39년(1763) 9월 1일에 일식이 있었지

연번	영조 재위	양력	음력	진행 시각			최대 식분	실록
				시작	최대	종료		
1	33년(정축)	1757.08.15.	1757.07.01.	r	05:46r	06:07	0.17	○
2	34년(무인)	1758.12.30.	1758.12.01.	16:31	17:23s	s	0.72	○
3	36년(경진)	1760.06.13.	1760.05.01.	17:41	18:38	19:31	0.94	○
4	39년(계미)	1763.10.07.	1763.09.01.	07:04	08:01	09:02	0.74	○
5	45년(기축)	1769.06.04	1769.05.01.	18:13	18:55	19:34	0.38	○

※ r: 일출 전부터 이미 일식이 진행됨 / s: 일몰 때까지 일식이 계속 진행됨

표 6 영조 40년 전후 일식 진행

만, 대식은 아니었다.

그리고 영조 40년(1764) 무렵 관상감이 교식 계산에 익숙하지 않아 북경에서 사사롭게 계산치를 구해 비교해 본 연후에야 보고했다는 이야기나 문광도가 홍양해에게 이 문제를 의논하여 해결했다는 이야기는 다소 과장된 것이라고 할 수 있다. 앞에서 살펴본 바와 같이 1760년대 조선은 서양 천문학을 기반으로 하는 시헌력의 운용에 별다른 문제가 없었다.

청의 일월식 자문咨文에 관해 살펴보면, 청은 1721년(경종 1, 강희 60) 윤6월의 일식 때부터 조선에 일월식 자문을 보냈다. 자문이란 청의 천문학자와 조선의 천문학자가 조선에서 발생한 또는 발생할 일월식에 관한 정보를 주고받은 문서를 말한다. 청

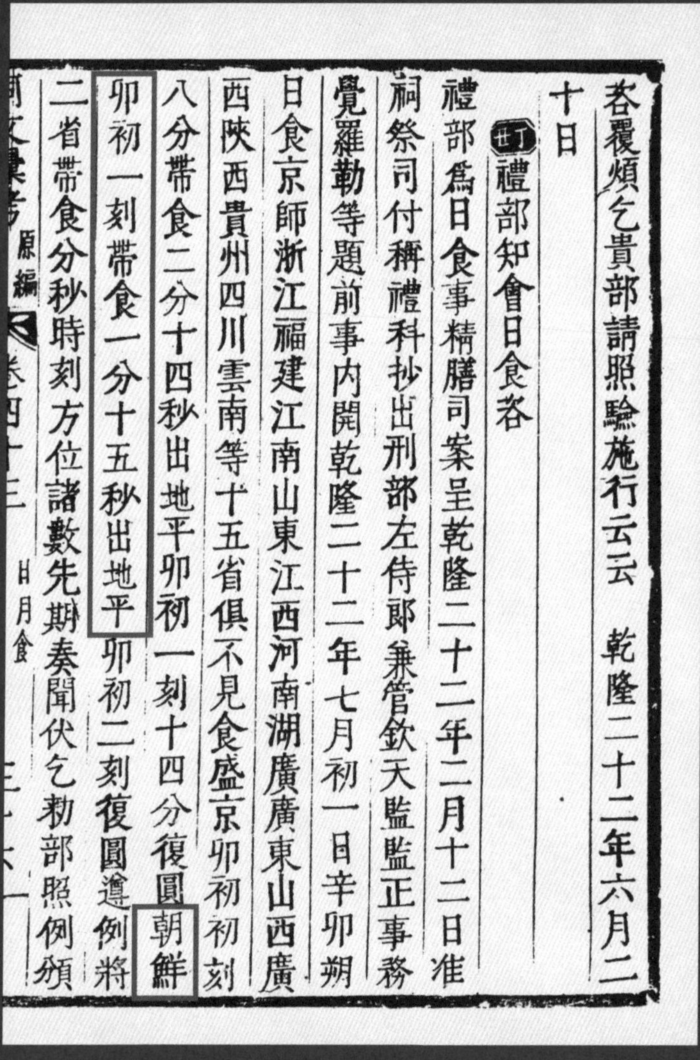
咨覆煩乞貴部請照驗施行云云 乾隆二十二年六月二
十日
廿丁 禮部知會日食咨
禮部爲日食事精膳司案呈乾隆二十二年二月十二日准
祠祭司付稱禮科抄出刑部左侍郎兼管欽天監監正事務
覺羅勤等題前事內開乾隆二十二年七月初一日辛卯朔
日食京師浙江福建江南山東江西河南湖廣廣東山西廣
西陝西貴州四川雲南等十五省俱不見食盛京卯初初刻
八分帶食二分十四秒出地平卯初一刻十四分復圓朝鮮
卯初一刻帶食一分十五秒出地平卯初二刻復圓遵例將
二省帶食分秒時刻方位諸數先期奏聞伏乞勅部照例頒
同文彙考 原編 卷四十三 日月食

그림 8 『동문휘고』 영조 33년(1757) 7월 1일 일식의 청淸 예부禮部 자문, 서울대학교 규장각한국학연구원 소장

은 이전부터 직접 지배하던 다른 직성直省에 일월식 자문을 보냈는데, 이때부터는 조선에도 자문을 보내기 시작했다. 그런데 관상감의 계산값이 계속해서 틀리자, 조선은 영조 17년(1741)부터 매년 관상감 관원을 북경에 파견해 이 문제를 해결하려고 했다. 1740-50년대 관상감 관원은 서울과 북경을 오가며 청의 천문학자 및 북경에 와 있던 서양 선교사와 교류하며 일월식 계산법을 배웠고, 영조 25년(1749) 11월 월식 계산에 이르러서는 청의 계산이 틀렸다는 것도 지적할 수 있게 되었다. 그리고 영조 30년(1754) 무렵 조선 관상감에서는 청에서 자문한 내용과 정확히 일치하는 계산값을 얻을 수 있게 되었다.[139] 이러한 사정에서 비춰 볼 때도 『사실기』의 일화는 사실과 다를 가능성이 크다.

다만, 마지막의 '수는 비록 작은 기예이지만 정밀하게 꿰뚫어야(情透) 한다'는 홍양해의 짧은 언급은 주목해 볼 필요가 있다. 아마도 이것이 수를 대하는 홍양해의 기본적인 자세였을 것이다. 그리고 문광도 역시 이러한 자세를 따르지 않았을까 한다.

'수는 정투精透해야 한다'는 홍양해의 수 인식은 같은 집안의 홍계희의 영향이었을 것으로 추정된다. 홍계희는 이재의 문하에서 수학했는데, 이 중에서는 드물게도 경세론經世論에 관심을

두었던 인물이다.[140] 그는 어려서부터 유형원柳馨遠의 『반계수록
磻溪隧錄』을 탐독했고, 유형원의 개혁사상을 바탕으로 균역법均
役法과 준천濬川 사업과 같은 영조 대의 굵직한 사회경제정책을
실무적으로 추진했다. 특히, 균역법과 준천 사업의 실무적인 기
획과 추진은 모두 복잡한 산술 계산을 바탕으로 하는데, 홍계희
는 해박한 수학 지식을 바탕으로 이를 직접 추진했다고 한다.[141]
참고로 홍계희는 박신원朴新源에게서 산학을 배웠다. 박신원은
『육예략六藝略』을 지어 수리數理를 발명했고, 『반계수록』에도 지
대한 관심을 보였으며, 『주역』에도 능통한 인물로 유명했다. 박
신원은 그의 부친 박성석朴星錫에게서 배웠는데, 박성석은 천문
天文·복서卜筮·병법兵法·수리에 정밀했다고 알려져 있다.[142]

그런데 상수象數와 도수度數를 중시했던 홍계희의 학문적 성
향이 의리론義理論을 중시하던 이재의 그것과 잘 맞는 것은 아
니었다. 여기에 정치적 우여곡절까지 겪으면서 홍계희는 영조
19년(1743) 무렵 이재의 문하에서 배제되었다. 영조의 신임을 바
탕으로 홍계희는 다양한 사회·경제 현안에 참여했는데, 그러다
보니 여러 인사로부터 비난을 받았고,[143] 이러한 정치 활동을 지
켜본 이재가 홍계희를 문인에서 제외시켰던 것이다.

한편, 철학논쟁이었던 호락논쟁이 정치의 영역에까지 확장
되어 18세기 중·후반에는 호론과 낙론이 거의 붕당을 이루어

서로를 이단이라고 공격했다. 특히, 영조 38년(1762) 5월 임오화변壬午禍變을 전후해서 '경京'과 '호湖'의 논의가 나뉘었는데, '경'은 사도세자 보호를, '호'는 사도세자 처벌을 주장했다. 영조의 탕평 정국에 깊숙이 관여했던 홍계희는 사도세자와 대립했고, 임오화변 후에는 사도세자를 죽인 장본인으로 지목되기도 했다. 이렇게 이재의 문하에서도 배제되고 정치적으로도 소외된 홍계희를 호론과 이어 준 이가 바로 홍양해였다.[144]

이러한 사정을 맞춰 보면, 홍계희가 홍양해보다 20살 정도 많았지만, 둘은 상당히 가까웠을 것으로 보인다.[145] 홍계희는 『기하원본』이나 『수리정온』과 같은 서양 수학서를 소장하고 있었는데, 홍양해가 홍계희로부터 서양 수학서를 빌려 보고, 또 직접 배웠는지는 알 수 없지만, 이재가 홍양해의 선대와 직접 연결되고 홍계희가 홍양해의 부친 홍계백과 함께 이재의 문하에서 공부했으며 홍양해와 홍계희가 정치적 행보를 함께했다는 등의 사정을 종합해 보면, 홍양해가 홍계희에게서 수학受學했을 개연성은 높다. 만약 그렇다면 홍계희를 통해 형성된 낙론계의 수학이 홍양해를 거쳐 문광도에게 전수됐을 가능성 또한 생각해 볼 수 있을 것이다.

문광도와 서명응·서호수 부자의 교유

다음으로 문광도와 서명응·서호수 부자의 교유에 대해 살펴보자. 앞에서 낙론계의 교육철학과 홍계희의 수학에 대해 살펴보았는데, 사실 18세기 중반 낙론계에서만 수학에 관심을 보였던 것은 아니고, 양반 사대부와 중인의 학문적 교유도 낙론계의 교육철학으로만 설명해서도 곤란하다.

조선 초부터 산학은 사대부의 필수 교양인 육예六藝의 하나로 인정되었고, 교육과 인재 양성이 정책적으로도 육성되었다. 그리고 16세기 이황李滉은 그의 제자 이덕홍李德弘에게 '수방심收放心'에 도움이 된다는 이유에서 산학 공부를 권유하기도 했다. 그러나 산학과 같은 기예는 전문가 집단에 맡기면 된다는 것이 대다수 사대부 지식인의 생각이었고, 그들에게 산학은 도학道學을 위주로 한 심성 수양의 여가에 관심을 가질 수 있는 여기餘技에 불과했다.[146]

그런데 18세기의 분위기는 이와 달랐다. 18세기 중반 수학에 많은 관심을 보였던 양반 지식인으로는 이익李瀷을 필두로 이용휴李用休-이가환李家煥을 거쳐 이벽李檗-정약전丁若銓·정약용丁若鏞으로 이어지는 '근기남인계 성호학파', 서명응徐命膺-서호수徐浩修-서유구徐有榘로 이어지는 소론계 달성서씨가, 노론 낙론계의 황윤석, 홍대용洪大容, 홍계희, 노론 호론계의 홍양해 등이 있었고, 양반은 아니었지만 김태서金兌瑞, 안국빈安國賓, 이덕성李德星, 문광도, 김영金泳 등의 관상감의 중인 관원도 수학과 천문학을 깊이 있게 연구한 이들이었다.[147] 이들은 수학과 천문학을 '벽癖'의 자세로 탐구했다.

18세기 중엽 일부의 양반 사대부 사이에는 기예技藝의 영역에 '벽' 또는 '치癡'의 자세로 몰두하는, 요즘 말로 마니아mania 문화가 있었다.[148] 그들은 생업生業과는 무관한 특정 기예를 전문적인 수준에 이를 정도로 몰입하여 파고드는 사대부 지식인이었다. 물론 이전에도 마니아층은 있었지만, 기예라는 것이 워낙에 직업적으로는 중하층의 인민이 담당했고, 학문적으로도 소도小道로 여겨졌기 때문에, 양반 사대부 지식인으로서 여기에 몰두하는 태도가 바람직하게 여겨지지는 않았다.

그런데 18세기 이후에는 이러한 태도를 긍정적으로 바라보는 시선이 늘어났고, 기예의 영역도 폭넓어졌다. 가령, 정조 대 규장각 서리書吏를 지낸 김덕형金德亨은 바쁜 관직 생활 중에도 서화書畵와 문예文藝를 전문가 수준으로 연마한 인물이었다.[149] 김덕형은 꽃을 좋아했는데, 집에 화원을 만들어 놓고 온종일 꽃을 관찰하는 데 여념이 없었다고 한다. 또 꽃밭에 누워서 눈 한번 꿈적하지 않고 꽃을 뚫어지게 바라보는 경우도 많았다고 한다. 손님이 와도 꽃 관찰을 멈추지 않았고, 그래서 많은 이가 김덕형을 향해 미친 사람이라고 손가락질했다고 한다.[150] 그리고 김덕형은 그렇게 뚫어지게 관찰한 꽃을 주제로 글도 쓰고 그림도 그렸다. 이런 그의 모습을 보고 동료 서리였던 마성린馬聖麟은 "(김덕형은) …] 내각內閣에 몸담으면서 바빠 여유가 없어서 서화를 포기하려 했지만, 공무에서 퇴근하면 근질근질함을 이기지 못하고 간간이 글씨도 쓰고 그림도 그렸다. 그린 것을 내가 종종 가서 보면 자못 눈이 휘둥그레지는 곳이 있었다"라고 언급하기도 했다.[151] 그런데 그의 주변 인물이었던 윤행임尹行恁, 박제가朴齊家, 이덕무李德懋, 유득공柳得恭, 강세황姜世晃 등은 그의 그림을 좋아하였을 뿐 아니라, 그의 그런 몰두하는 자세를 높이 평가했다.[152] 특히, 박제가는 김덕형의 그림첩『백화보白花譜』의 서문을 쓰면서 "벽이 없는 사람은 아무짝에도 쓸모없는 사람이다. '벽癖'이란 글자는 '질疾'(질병)과 '벽辟'(편벽됨)으로 이루어져 있으니 '편벽된 병'이란 뜻이다. 홀로 자기만의 세계를 개척해 가는 정신을 갖추고, 전문의 기예를 익히는 것은 종종 벽癖이 있는 사람만 할 수가 있다"[153]라고 하여, 한 분야의 기량이 탁월한 사람이 되려면 '벽'의 정신을 견지해야 한다고 강조했다.[154]

김덕형이 꽃을 두고서 그러했듯이, 위에서 언급한 이용휴·이가환 부자, 서명응·서호수 부자, 황윤석과 홍대용 등은 모두

'벽'의 자세로 수학과 천문학을 탐구했던 이들이라고 할 수 있다. 이들은 크게 두 그룹으로 분류된다. 하나는 형이하形而下의 공부를 통해 형이상形而上의 도道에 도달하고자 했던 이들이다. 서명응과 황윤석이 대표적인데, 서명응은 본인의 상수학象數學적 인식체계 속에 서양의 정밀한 천문학 지식을 편입시켰고,[155] 황윤석은 『성리대전性理大全』의 내용을 터득해 가는 과정에서 율력律曆과 산수算數에 대한 관심을 키웠고 상수학象數學에 대한 탐구 또한 이 연장에 있었다.[156] 이들은 도리道理에 대한 깨달음을 얻고자 명물도수名物度數의 형이하학적 공부, 즉 물리物理에 대한 탐구를 깊이 있게 수행했던 것이라고 할 수 있다.

다른 하나는 형이하의 학문 자체를 진지하게 추구했던 이들이다. 서호수와 홍대용이 대표적인데, 형이상의 공부를 무시하거나 등한시했던 것은 아니지만, 이를 추구하기 위한 수단으로서 형이하의 학문을 했던 것이 아니라 형이하의 학문 그 자체의 가치를 인정하고 이것의 현실적 필요성을 주장했다.

서호수는 동생 서형수徐瀅修와 함께 이 문제와 관련하여 다음과 같은 대화를 나눈 적이 있다. 서형수가 서호수에게 "도는 형이상이고, 육예는 형이하입니다. 군자는 형이상을 말할 뿐 형이하는 말하지 않습니다. 공[서호수]께서 좋아하시는 바가 학술에서 올바로 택하지 못한 것은 아닙니까?"라고 묻자 서호수는

"그렇지. 나도 잘 알고 있다. 도는 형태가 없어 홀리기 쉽고, 육예는 형상이 있어 거짓으로 꾸미기 어려운 법이다. 내가 도를 좋아하지 않는 것은 아니지만, 도를 좋아한다고 내세우면서 실제로는 도를 지향하지 않는 행위와 이른바 육예라는 것을 터득하지 못하는 것을 싫어할 뿐이다"라고 대답하였다.[157] 서형수는 서호수가 형이하의 학문을 좋아하는 것을 못마땅하게 여겨 위와 같이 물었던 것인데 서호수는 형이상의 도를 추구하는 학문이 대개는 겉으로만 추구하는 척하고 실제 내용은 없다고 꼬집었다.

홍대용도 이와 유사한 생각이었다. 대개 천·지天·地와 일·월·성日·月·星을 만물萬物의 어버이라고 하는데, 종신토록 천지에 의탁해 살면서 천지의 형상(體狀)도 모르는 게 옳겠냐면서, 천지의 형상을 알고자 하면 뜻으로 구해서는(意究) 안 되고 이치로서 모색해서도(理索) 안 되며 오직 기구를 만들어서 측정하고 수를 계산하여 헤아려야 한다(籌數以推之)는 것이었다.[158] 유학자가 전통적으로 해왔던 형이상의 지적 활동, 즉 '의구意究와 이색理索'의 한계를 지적하면서 형이하의 '실측과 계산'의 중요성을 강조했던 것이다.

서호수와 홍대용 등의 그룹은 수학과 천문학을 닦고 발전시켜 실측과 측량, 계산과 관측을 적용하면 농업경제, 군사기술,

교통·운송 분야의 문제 해결에 기여할 수 있을 것이라는 나름의 진지한 문제의식을 바탕으로 수학과 천문학을 학습했던 것이라고 할 수 있다. 이러한 배경에서 관측, 실측, 측량, 계산 등의 활동을 직접 수행하기도 했다.

그런데 이 활동들은 전통적으로 기예技藝의 영역에 속하는 것으로 전문적으로 담당하던 계층이 있었고, 양반 사대부 지식인이 직접 수행하는 경우는 거의 없었다. 문광도를 비롯한 관상감의 중인 천문학자와 양반 사대부 지식인의 만남은 바로 이 지점에서 이루어졌다. 서양 수학과 천문학에 대한 심오한 이론적 탐구가 아닌, 그 방법론에 입각한 지구와 천체, 각종 사물과 지형 등의 관측, 실측, 측량, 계산의 활동은 관상감의 중인 천문학자의 실력이 가장 우수했고, 서양 수학과 천문학을 '벽'의 자세로 몰두했던 서호수와 홍대용 등은 신분을 초월하여 관상감의 중인 천문학자와 학문적인 교류를 했던 것이다. 영조 대 문광도와 서호수, 이덕성과 홍대용, 또 정조 대 김영金泳과 서유본徐有本의 만남은 이러한 배경에서 이루어진 것이라고 할 수 있다.[159]

문광도와 서명응·서호수 부자는 어떻게 처음 인연을 맺었을까. 흥미롭게도 문광도와 서명응·서호수 부자가 인연을 맺게 된 계기는 수학과 천문학이 아니었다. 『이재난고』에 따르면, 문광도는 산리算理에 밝았고, 또 사자寫字, 즉 글자 베끼기에도 소질이 있었다고 한다. 그래서 서명응 집에 출입하였던 것이고, 서명응 집에서 오랫동안 돌봐 주었다고 한다.[160] 이렇게 문광도가 서명응 집에 자주 출입하면서, 문광도의 수학과 천문학 실력이 출중하다는 사실을 알게 되었고, 본격적인 교유가 시작되었을 것이다.

문광도는 서명응의 '신법혼천도新法渾天圖' 제작에 결정적인 기여를 했다.[161] 서명응은 오랫동안 혼천상渾天象과 개천상蓋天象을 서로 절충한 천문도天文圖를 그리려고 했다. 그는, 천문도는 하늘의 상을 정확히 반영해야 한다고 생각했다. 하늘의 상象 중에는 혼천상과 개천상이 있는데, 혼천상은 가운데가 넓고 남북이 좁아 마치 둥근 종 모양과 같고, 이를 반영한 혼천도는 그 표면에 있는 일월성신을 혼상 외부에서 바라보고(從外覩視) 작도한 것이라고 했다. 반면에 개천상은 삿갓(笠) 모양과 같고, 이를 반영한 개천도는 그 상의 내부에서 우러러 살핀(人中處仰之) 것이라고 했다. 서명응은 개천도보다는 혼천도가 실제의 천상天象에 더 부합하는 천문도라고 생각했다. 하늘의 형상이 구형의 혼천상이기 때문에 개천도로는 참된 도수를 얻을 수 없다는 것이었다. 그런데 당시 관상감에 전해지고 있는 천문도는 개천도였다. 서명응은 이 개천도의 문제점을 바로 잡은 것이 서양식 천문도라고 생각하였다.[162] 그리하여 서명응은 신법혼천도를 제작하게 되었는데, 이때 문광도가 큰 도움을 주었다.[163] 이렇게 하여 그린 천문도는 황도와 적도를 중심으로 남과 북을 나누고, 남극과 북극을 각각 중앙에 위치시키는 양반구형의 천문도 였다.[164]

서명응이 문광도와 함께 '신법혼천도'를 제작한 시기는 영조 43년(1767) 무렵이었을 것으로 추정된다. 서명응이 당시 관상감 제조를 지내고 있었기 때문이다.[165] 서명응의 언급에 의하면, 당시에 서호수는 이미 문광도를 종유하고 있었다. 실제로 뒤에서 살펴보는 바와 같이, 황윤석이 서호수를 처음 만난 게 이보다 한 해 전인 영조 42년(1766) 3월 15일인데, 이때 이미 서호수는 문광도에게서 산법을 배웠다고 소개하였다. 그러니 문광도와 서호수의 만남은 적어도 영조 42년(1766) 이전에 이루어졌다는 것을 알 수 있다.

문광도는 서호수보다 10살 정도 위였다. 서호수가 문광도에게 배운 것은 『기하원본』이었을 것으로 추정된다. 서형수가 지은 『기하실기幾何室記』를 보면, 『기하원본』이 조선에 전래된 이후로 문장이 난해하고 뜻이 심오하여 그 의미를 아는 자가 없었다고 한다. 그런데 문광도가 유독 내용을 이해했고, 형인 참판공 서호수가 이를 함께 연구하고 밝혀 전수하기를 명明의 서광계徐光啟와 같이 하였다고 한다.[166]

문광도와 황윤석의 교유

한편, 문광도는 낙론계의 황윤석과도 교유했다. 문광도와 황윤석의 만남은 영조 42년(1766)부터 44년(1768) 사이에 집중적으로 이루어졌다. 둘의 만남은 황윤석의 『이재난고』에 자세히 남아 있어 많이 참고된다.[167] 영조 42년(1766) 3월 15일(갑신) 황윤석은 서호수를 통해서 문광도를 처음 알게 되었다. 황윤석은 서호수로부터 관상감 주부 문광도는 역산에 정통했으며 문광도가 아니면 일월교식을 계산할 수도 없고, 관상감 관원 중 가장 뛰어나다고 소개받았다. 또 당시 문광도의 집은 의금부 근처의 전의감동典醫監洞이고, 나이는 39세이며, 서호수 본인도 문광도에게서 산법을 배웠다고 했다. 그러면서 황윤석에게 문광도가 비록 중인(中路)이지만 재예才藝가 독보적이니 한번 만나볼 것을 권유하였다.[168] 이날 황윤석은 『역상고성』에 들어 있는 「칠요표七曜表」를 구해 보고자 서명응 집에 방문한 것인데, 서명응은 외출 중이라 만나지 못했고, 대신 집에 있던 서호수와 만나 대화하던 중에 문광도를 소개받은 것이다.

3월 25일 황윤석은 다시 서호수를 찾아가 대화를 나누었는데, 문광도를 만나보았냐는 질문에 '그가 양반이 아니라서 만나는 것이 어떨지 모르겠다'고 답변했다.[169] 4월 6일 황윤석은 재차 서명응 집을 방문하여 서호수에게 『수리정온』과 『역상고성』 등의 책을 보여 달라고 요청했다. 서호수는 마침 문광도가 집에 와 있다며 만나볼 것을 권했고, 이날 비로소 황윤석과 문광도의 만남이 이루어졌다. 황윤석이 요청한 『수리정온』과 『역상고성』 은 당시 문광도가 다른 사람에 빌려준 상황이었고, 문광도는 황 윤석에게 내일 아침 먹기 전에 찾아오라고 했다.[170] 다음날 황 윤석이 문광도를 찾아갔는지는 확인되지 않는다.

문광도와 황윤석의 만남은 이로부터 2년 후인 영조 44년 (1768) 7월 29일에 다시 이루어졌다. 황윤석은 얼마 전인 6월 17일 의영고義盈庫 봉사奉事에 임명되어[171] 서울에서 지내는 중이었고, 문광도는 영의정 김치인金致仁의 추천으로 천문학 겸교수를 맡 고 있었다.[172] 황윤석은 문광도를 찾아가 역상曆象의 문제에 관 해 대화를 나누었다. 황윤석이 『기하원본』의 '호현弧弦'의 설을 이야기하자, 문광도는 『기하원본』은 6편 분량인데 어떤 것은 3권인 것도 있다고 했다.[173] 지금은 홍계희와 이용휴李用休의 집 에 있으며 매우 귀해서 얻기 어려운 책이라고 했다. 또 홍주에 사는 홍양해가 현재 산학 분야의 최고라고도 했다.[174]

황윤석은 문광도에게 세상에는 곽수경郭守敬이 있어 허형許 衡이 있는 것이고, 마테오 리치와 우르시스Sabbathino de Ursis, 熊三 發가 있어 서광계와 이지조李之藻가 있는 것이라고 하면서, 지금

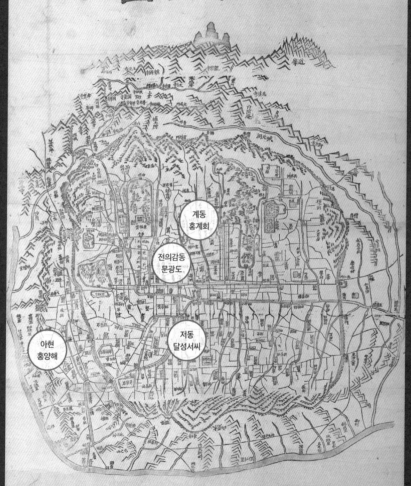

그림 9 《수선전도》, 서울대학교 규장각한국학연구원 소장

세상에 당신과 필적할 만한 사람이 있느냐고 물었다. 이에 문광도는 자신이 젊어서는 관견管見이 없지 않았으나 이제 나이가 마흔둘이고 정신이 쇠퇴하고 있으니 족히 논할 것이 못 된다고 답했다. 이에 황윤석은 예전에 이영옥李英玉이 했던 말이라고 하면서, 지조가 곧아(耿介) 속되지 않고, 마을(閭井)에 은거하면서 상수학을 능히 궁구하고 있는 거 아니냐고 되물었고, 문광도는 이영옥이 과장한 것이라고 하면서 오늘 자기를 방문해 주었으니 다른 날 입직할 때 회포를 풀자고 했다.[175] 하지만 이후로 두 사람의 만남은 확인되지 않는다.

문광도와 영조의 만남

문광도는 우수한 실력을 바탕으로 국왕 영조와 직접 대화할 수 있는 '영광'을 몇 차례 얻었다. 중인 출신의 관상감 관원이 국왕과 대면하는 기회를 얻는 게 흔한 일은 아니었다. 영조가 실무 관원과 대화하는 것을 좋아했던 것도 있지만, 그만큼 문광도의 실력이 탁월한 덕분이었다고 할 수 있다. 문광도가 우수한 실력을 바탕으로 영조와도 인연을 맺었다는 사실은 당시 사대부 지식인에게도 알려졌을 법한 소식이다. 이러한 인연이 문광도가 다른 사대부 지식인과 교류하는 데에 일정 부분 작용했을 것이다. 그리고 영조와 문광도의 만남은 영조 대 천문역산학 관련 현안을 해결해 가는 과정에서 이루어진 것으로, 이를 통해서는 영조 대 천문역산학 관련 현안이 무엇이었는지, 또 여기에 문광도가 관상감 관원으로서 어떻게 참여하였는지 등을 엿볼 수 있다.

영조와의 첫 번째 만남은 영조 37년(1761) 10월 13일에 있었다. 영조는 관상감 관원 박완소朴完素와 문광도를 불러, 오는 16일에 있을 월식月蝕에 대해 짧은 대화를 나누었다.[176] 두 번째 만남은 이로부터 8년 뒤인 영조 45년(1769) 5월에 있었다. 첫 번째 만남에서는 영조의 물음에 박완소가 모두 답변했기 때문에 문광도가 영조와 직접 대화를 나눈 것은 사실상 이때가 처음이었다.

영조 45년(1769) 5월 1일에 일식日食이 있었다.[177] 영조는 유시酉時(17-19시)에 친히 경희궁慶熙宮 숭정전崇政殿 월대月臺에 나가 구식례救食禮를 거행했다.[178] 다음날 영조는 구식救食에 공을 세운 관상감 관원 안국빈安國賓과 김태서金兌瑞의 포상에 대해 논의한 후 "일식의 계산은 진실로 묘妙하다"고 하면서 "들어 보니 문광도라는 자가 계산이 뛰어나다고 합니다"라는 홍봉한洪鳳漢의 이야기를 듣고 김태서에게 문광도를 데리고 들어오라고 분부했다.[179] 다음 날 영조는 문광도를 불러 몇 가지 계산 시험을 보았다. 산법算法을 잘 아는지 시험 삼아 계산해 보라는 영조의 물음에 문광도는 현장에 있던 죽궤竹櫃를 가리키며 시험 삼아 계산해 보겠다며 자신감을 보였다. 문광도가 계산을 모두 마치자 이어서 영조는 방문의 네 모퉁이를 계산해 보라고 하였고, 문광도는 이 역시 계산하였다.[180]

매우 짧은 만남과 대화였지만 영조는 문광도에 대한 인상이 깊었던 것 같다. 문광도의 실력을 안국빈과 비교해 묻는 영조에게 김태서는 안국빈도 많이 알긴 하지만 문광도만 못하다고 했고, 이이서 홍봉한은 현재 산법에 밝은 자로는 문광도와 홍양해가 있다고 하면서 홍양해가 홍계백의 아들이고 문광도가 홍양해에게서 배웠다는 이야기를 영조에게 해주었다.[181] 이어서 영조는 승지에 쓰도록 하여 "관상감 영사가 주청한 바에 따라 특별히 불러다 계산을 시켜 보니 과연 그러하였다"고 하면서 "허원 이후로 안국빈의 나이가 70을 넘었고, 김태서 또한 늙었으며 이덕성은 지난번에 특명으로 가자되었는데, 지금은 문광도가 있다"면서 "겸교수에 제수되었으니 특별히 6품으로 올리고 동반직東班職에 빈 자리가 나기를 기다렸다가 관직을 주라"고 전조銓曹에 지시했다.[182] 영조는 17-18세기를 대표하는 관상감 관원의 계보를 '허원 → 안국빈 → 김태서 → 이덕성'이라고 생각하고 있었는데, 이제 이를 문광도가 잇게 되었다고 보았던 것이다. 얼마 후 홍계희는 문광도에게 실직實職을 주라는 이 조치를 두고서 "나라 사람을 각 그 재주를 기려 이와 같이 관직을 얻게 하면 나라가 다스려질 것"이라고 호평했다.[183] 이로부터 한 달 뒤 문광도는 의영고 주부에 제수되었다.[184]

이후로 영조는 천문역산학 분야의 현안이 발생하면 수시로 문광도를 불러 의견을 묻곤 했다. 영조 45년(1769) 10월 1일(기유) 성변星變이 출현했을 때는 문광도가 측후관測候官이 아니었는데도 영조는 문광도를 불렀다.[185] 그리고 영조 46년(1770)에는 연초부터 수차례 만나 다양한 대화를 나누었다. 이때는 『동국문헌비고東國文獻備考』가 한참 편찬되고 있을 무렵이었다. 영조는 서호수로부터 조선 태조 대 이래의 천문의기天文儀器의 정비 과정과 당시 실제 유물의 전래 및 보존 상황을 수시로 묻고 보고받았는데,[186] 여기에 문광도도 일정 부분 역할을 했던 것으로 보인다. 훗날 서형수는 이러한 사정에 대해 "영조 연간에 헌장憲章을 밝혀 『동국문헌비고』를 편찬했는데, 문광도가 일반 관료로서여러 차례 조용히 진대進對하였는데, 간혹 해가 가고 밤이 새는줄도 모르니, 이에 사람들이 모두 문광도가 받은 우대를 영광스럽게 여기고 문광도가 지닌 학문을 알게 되었다"라고 평가하기도 했다.[187]

문광도는 『동국문헌비고』「상위고」의 편찬 과정에서 추진된 천문의기 정비 사업에 많이 참여했던 것으로 보인다. 이때의 정비 사업은 주로 문헌 정리였다. 그 책임자는 물론 서호수였지만, 문광도는 실무 관원으로서 적지 않은 역할을 담당했던 것으로 추정된다. 영조 46년(1770) 2월 12일에는 문광도를 불러 누각漏閣에 관해 물었다. 보루각報漏閣은 영조 18년 무렵부터 정비가 추진되었고, 정확한 기록은 없지만, 정비는 이날 이전에 종료되었던 것 같다. 이때는 누각 제도의 연혁을 정비하고 있었던 것 같은데, 이날 영조는 일전에 서호수와 함께 가서 누각을 살펴보았을 때 서호수가 예부터 전해 오던 문서를 보고 베껴 왔던 것인지 만들어져 있던 것을 보고 스스로 지은 것인지 물었고 문광도는 스스로 지은 것이라 했으며 영조는 난색을 표했다.[188]

같은 달 16일에는 서호수와 문광도에게 경복궁 간의대를 보고 오라고 했고,[189] 얼마 뒤 21일에는 석강에서 해시계에 대해 논의했다. 서호수가 석각石刻 해시계(日影石刻)의 서문序文을 읽었는데, 영조는 관상감 관원에게 천문도天文圖를 가지고 들어오라고 지시했고, 문광도가 들어오자, 서호수에게 다시 천문도를 읽게 했다. 같이 들어와 있던 홍인한洪麟漢이 경복궁의 석각 해시계를 창덕궁 관상감에 함께 두는 게 좋겠다고 하자 영조도 좋다고 했고 경복궁의 그 석각 해시계는 창덕궁 관상감으로 옮기게 되었다.[190] 문광도가 어떤 발언을 하거나 문광도에게 직접 지시한 내용은 없었지만, 논의 과정에 함께 참여했던 것으로 보아 그 실무적인 작업에 관여했을 것으로 추정된다.

영조 46년(1770) 4월에는, 5월 1일 자로 예보된 일식에 관한 대화를 몇 차례 나누었다. 사실 영조가 일식에 대해 이렇게 관상감 관원과 대화하는 모습은 이전에는 찾아볼 수 없는 것이었다. 영조 대 일식은 영조 11년(1735)과 18년(1742)에 있었는데, 두 번 모두 구식례를 친히 거행했고, 그 자리에 관상감 관원 또한 일월식술자日月食述者로서 참석했지만, 그들과 직접 대화를 나눈 것이 아니라 질문은 실무 관원에게 하더라도 답변은 그 자리에 참석한 문신 관료들이 대신 전하곤 했다. 즉, 영조가 일식에 대해 관상감 실무 관원과 이렇게 대화를 나누는 모습은 영조의 재위 20-30년 사이에 일어난 변화 중 하나였던 것이다.[191]

우선 4월 18일에는 일월식의 분야分野에 대해 대화했는데, 조선과 중국이 차이(參差)가 있냐는 영조의 물음에 문광도는 차이가 없다고 짧게 답했다.[192] 이틀 뒤 20일 오전 영조는 문광도가 근처에 있는지 확인한 후 없으면 오후에 들어오라고 한 후, 오후에 문광도가 들어오자 관상감의 입직 관원 2인과 함께 일식 계산을 해 보라고 지시했다. 문광도, 이동성李東成, 이정덕李鼎德 세 사람이 일식을 계산했는데, 영조가 그 값이 서로 부합하냐고 묻자 문광도는 한 번에 모두 계산하지는 못했지만 계산한

한 조목(條)은 서로 부합한다고 답했다.[193] 5월 1일 일식 때도 영조는 경희궁 숭정전 월대에서 구식례를 친림親臨했다.[194]

영조 46년(1770) 윤5월에는 문광도가 성변星變 측후에 참여하는 동안 몇 차례 대화를 나누었다. 윤5월 7일 '밤 1경부터 5경까지 객성客星이 천시원天市垣 동쪽 안에서 보였는데, 형체는 크기가 목성木星과 같았고 색은 창백했다'는 보고가 있었다.[195] 다음 날 밤 영조는 경희궁 숭정전 월대에 올라 관상감 관원 문광도와 안국빈에게 성변을 측후하라고 지시했다. 영조도 또한 월대에 나가 어제와 비교해서 성체星體는 어떤지, 천기天氣는 청명한지, 또 운기雲氣는 있는지 등을 물었고, 문광도는 달빛이 가로로 뻗쳐 성체가 어제보다는 작은 듯하고, 운기가 있어 청명이 어젯밤만 못하다고 답했다. 그리고 객성은 천시원天市垣 밖으로 조금 옮겨 갔다고 보고했다.[196]

사실 이때 객성 관측에서는 영조의 태도가 주목된다. 영조는 처음 객성의 출현을 보고 받은 이후로 매일 밤 경희궁 숭정전 월대에 나와 관측 결과를 보고받으면서, 관상감 관원과 함께 관측하기도 하고, 또 추가적인 관측을 지시하기도 했다. 특히, 월대 위에서 장시간 부복俯伏하며 재이를 맞은 군주로서 몸소 공구수성恐懼修省하는 모습을 많은 신료에게 보여 주었다. 그러면서 이러한 객성 관측이 '관측을 위한 것이 아니라 객성의 점占

인 병란兵亂과 기근饑饉이 들지 않을까 염려되어 하늘을 우러러 굽어 살펴달라는 청을 하는 것'이라고 거듭 의미를 밝혔다.[197]

객성 측후는 윤5월 11일에 마무리되었다. 영조는 객성이 하루에 30도度를 옮겨 갔다는 보고를 받고 왜 그리 빠른지 의문을 가졌다. 이에 관상감 관원을 남산으로 보내 관측해 오라고 지시했고, 문광도는 관측하고 돌아와 객성을 다시 볼 수 없으니, 만약 땅속에 들어가지 않았으면 반드시 소멸되었을 것이라고 보고했다. 영조는 객성이 빨리 다시 돌아오지는 않을까 염려했고, 관상감 관원 안사일安思一은 '혜성은 간혹 그런 경우도 있지만 객성은 그렇지 않다'고 영조를 안심시켰다. 측후는 이렇게 해서 종료되었다.[198]

이로부터 닷새 후인 영조 46년(1770) 윤5월 16일 『동국문헌비고』 「상위고」의 편찬이 완료되었고,[199] 이 이후로 문광도와 영조의 만남은 확인되지 않는다. 그리고 문광도는 이듬해인 영조 47년(1771) 1월 20일에 함흥 감목관에 임명되었다.[200] 목장의 위치가 함경도 문천에 있었고, 또 문광도는 영조 51년(1777) 함경도에서 돌아와 부모상을 치르다 죽었으니, 영조와의 만남은 객성 측후 때가 마지막이었을 것이다.

영조는 재위 45년 5월 홍봉한으로부터 문광도가 홍양해와 함께 당대 최고의 산학자로 평가받는다는 이야기를 전해 듣고 이로부터 약 1년 동안 문광도와 많은 대화를 나눴다. 이때는 특히 서호수 책임하에『동국문헌비고』「상위고」의 편찬이 추진된 시기였고, 우연하게도 일식과 객성과 같은 천체 현상의 출현도 겹쳐 천문역산학 분야의 현안이 적지 않게 발생한 시기이기도 했다. 이러한 배경에서 문광도의 우수한 실력이 주목받게 되었고, 평소 천문역산학에 많은 관심을 보였던 영조 또한 이를 어렵지 않게 확인할 수가 있었다.

4

천문학과 술수 지식

정조 9년 3월의 정감록 사건과 문광도 가족

역관 집안 출신으로 천문학을 전공하여 참상직에 오르고, 양반 사대부 지식인과 학문적으로 사귀며, 지방관까지 역임한 문광도였지만, 가문의 영광은 오래가지 못했다. 문광도의 형제와 조카들이 이른바 '정조 9년(1785) 3월의 정감록鄭鑑錄 사건'에[201] 가담했다가 발각되어 처형을 당한 것이다. 그들은 홍복영·이율李瑮 등과 공모하여 『정감록』을 근거로 조선왕조의 몰락과 영웅(眞人)의 출현을 예언하고, 점성술을 활용하여 천문 현상을 보고 점을 쳤다. 이러한 참위讖緯적인 지식은 문광도가 평생학습하고 복무한 '천문학'과 사실상 같은 분야의 지식이라고 할 수 있다. 더욱이 그들이 처음 참위의 지식을 접하게 된 것은 문광도가 처음 천문학을 학습하게 된 경위와 같지 않았을까 사료된다. 형제끼리 동일한 가정환경에서 성장하며 천문학을 학습했을 텐데, 누구는 음양과에 합격하여 지방관을 지내고 양반 사대부와 지식을 겨뤘던 반면에 또 누구는 세상을 한탄하며 비밀 결사를 조직하는 데에 천문학 지식을 이용했던 것이다.

'정조 9년 3월의 정감록 사건'은 정조의 최측근이었던 홍국영이 정치적으로 몰락한 뒤 그의 추종 세력이 정치적 재기를 도모하는 과정에서 발생한 옥사 사건이라는 평가를 받는다.[202] 참고로 이 사건의 핵심 인물인 홍복영은 홍국영의 사촌동생이다.[203] 그리고 실세失勢한 양반의 정치적 재기 시도에 정치·사회적 변혁을 염원했던 비非 양반 출신의 '산인세력山人勢力'이 대거 가담했다는 점에서 이 옥사 사건은 기존의 옥사 사건과는 성격이 다르다는 평가도 있다.[204] 문광도의 형제와 조카는 이 '산인세력'으로서 가담했던 것이라고 할 수 있다.

이 사건은 정조 9년(1785) 2월 29일 훈련대장 구선복具善復의 청대請對로부터 시작되었다.[205] 구선복이 정조에게 청대를 요청한 이유는 전前 판서 김종수金鍾秀가 구선복에게 보낸 편지 때문이었다. 김종수는 편지에 유배 중인 김두공金斗恭의[206] 반역적인 언행에 대해 적었고, 구선복은 정조에게 이 편지 내용을 전하며 김종수를 한번 만나보라고 상언했다. 정조의 부름을 받고 입시入侍한 김종수는 정조에게 김두공의 악행에 대해 언급하면서, 동시에 전前 현감 김이용金履容의 역모에 대해서도 고변했다. 즉, 입시하라는 명을 받고 도성으로 들어오는 길에 김이용을 만났는데 김이용이 본인에게 이율 등의 역모 기획에 관해 전해 주었다는 것이었다. 정조는 곧장 김이용을 불렀고, 김이용은 이율과 양형梁衡이 역적을 모의했다고 밀고하였다.[207]

정조는 그날 바로 창덕궁 숙장문肅章門에 추국청을 설치하고 친국을 시작했다.[208] 김이용은 자신과 친한 이율의 역모 정황을 '우연히' 알게 되었다고 했다. 그런데 사실 김이용은 이율과 함께 역모에 가담했다가 실패할지도 모른다는 두려움에 마음을 졸이다 동지들을 배반하고 밀고를 한 것이었다.[209] 취조관들 또한 이 사실을 잘 알고 있었지만, 김이용은 밀고한 덕에 처벌을 피할 수 있었다. 그리고 그는 역모세력이 예언 능력이 있는 '이인異人'과 결탁하였다고 진술했다. 그들의 주장은 요컨대, '장차 사방에서 난리가 일어날 것이다. 먼저 북쪽에서 반란이 일어나고, 뒤이어 나라가 셋으로 갈라질 것이다'라는 것이었다.[210]

역모세력과 결탁했다고 하는 '이인'은 홍복영이 스승으로 모셨던 평민 지식인 양형과 문광도의 형제인 문광겸과 문광덕文光德, 문광겸의 아들인 문양해, 문광덕의 세 아들인 문복연文福淵·

문홍연文興淵·문증연文曾淵, 그리고 주형채朱炯采와 그의 사촌 주형로朱炯老, 이규운李奎運 등을 말한다. 이들 중 가장 핵심이 되는 인물은 양형과 문양해이다. 이들은 상상의 인물인 선인仙人이나 지리산인智異山人으로부터 조선왕조의 운명에 관련된 예언을 전해 들었는데 그 내용이 『정감록』의 비기祕記와 정확히 같다는 등의 언설言說을 퍼뜨리면서 홍복영이나 이율과 같이 정치적 재기를 노리고 있던 몰락한 양반 사족에게 접근했던 것으로 보인다.[211]

문광겸이 문광도와 동기同氣였다는 사실은 문양해의 공초를 통해 확인할 수 있다. 문양해는 숙부 문광도가 북도北道에서 돌아와 '주형채朱炯采는 역리易理에 밝고, 양형은 그의 사촌 주형로朱炯老를 통해 그와 서로 친하게 되었으며, 서로 서찰을 주고받으면서 그와 반역을 도모하였다'라는 사실을 전해 주었다고 말했다.[212] 또 주형채는 문광도를 아느냐는 취조관의 질문에 문광도가 문천에 감목관으로 있을 때 자신이 천문을 알기 때문에 오가다 서로 찾아보고 알게 되었다는 진술도 했다.[213]

문양해는 문광도를 숙부叔父라고 했다. 일반적으로 백부伯父는 큰아버지를, 숙부는 작은아버지를 일컫는데, 만약 그렇다면 문광도는 문광겸의 동생이 된다. 또 이규운은 정조 3년(1779) 무렵 강원도 통천에서 문광겸·문양해 부자를 만났을 때 한 사람

(문광겸)은 나이가 50여 살이었고, 한 사람(문양해)은 나이가 20여 살이었다고 말했다.[214] 문광도는 영조 3년(1727) 생으로 1779년 경에 살아 있었다면 53세가 되니 이규운의 진술과도 어느 정도 부합한다.

사건 기록을 종합해 보면, 우선 문광겸 부자는 충청도 공주 가 생활 근거지였던 것으로 보인다.[215] 앞에서 살펴본 바와 같이 문광도의 부친과 조부, 증조부는 모두 역관으로 활동했고, 그래 서 그의 가족들 또한 한양에서 생활했을 것으로 보이는데, 어 떤 이유에서 문광겸 부자가 충청도 공주에서 지내게 됐는지 현 재로서는 알 길이 없다. 그들은 공주에서 특별한 인연을 만나 게 되었는데, 홍복영의 아버지인 홍낙순洪樂純이 영조 44년(1768) 10월 충청도 관찰사로 부임하였고, 이때 홍낙순과 문광겸 집안 이 인연을 맺게 된 것으로 보인다. 홍복영 또한 아버지를 따라 서 공주로 내려와 지냈고, 문광겸 등을 알게 되었다.

문광겸·문광도의 외사촌으로 서울 입동笠洞(아현)에서 살았 던 양형은 의술醫術로써 유명했고, 홍낙순은 꼭 그에게서만 약 을 지었다고 한다. 이 양형과 연결되는 이가 또 다른 양반 사 족 출신이었던 이율이다. 이율은 그의 형 이찬李瓚이 영조 48년 (1772) 평안도 순안順安에 현령縣令으로 부임했을 때 평양을 지나 다가 우연히 양형을 알게 되었고,[216] 서울로 돌아간 뒤 그가 글

씨를 잘 써 집안의 사수寫手로 삼았다고 한다.[217]

한편, 홍국영이 정치적으로 몰락한 것은 정조 3년(1779) 9월이고, 이듬해 2월에는 홍낙순도 홍국영의 '잔당'으로 몰려[218] 실각하였다. 문광겸 부자가 생활의 터전인 공주를 떠나 강원도 간성杆城으로 이동한 것도 이 무렵이었다. 서울에 있던 양형도 이때 강원도로 문광겸 부자를 만나러 갔다. 이러한 정황에서 조사를 마친 정조는 홍국영·홍낙순의 정치적 몰락을 계기로 그들이 강원도로 거처를 옮겨 실질적인 거사를 모의하게 된 것이라고 결론 지었다.[219]

문광겸·문양해 부자는 강원도로 거처를 옮긴 후 풍수가風水家로 이름을 날리며 많은 재산을 모았다. 강원도 통천에서 문광겸·문양해 부자를 만나 사귀게 된 이규운은 "영동嶺東에서 하동河東으로 이사할 때 1천 냥이나 되는 재물을 이삿짐으로 실어 갔습니다. 그래서 영동 사람들은 다들 그[문광겸]를 부자라고 했습니다"라고 진술하기도 했다.[220] 재산을 모은 후 그들은 지리산 남쪽 경남 하동에 105칸짜리 기와집을 짓고 실질적으로 거사를 준비했다. 그들이 거처를 옮긴 것은 거사 조직의 세력 확대를 위한 것이었다. 가령, 그들은 정조 7년(1783) 3월 홍복영에게 편지를 보내 '을사년(정조 9, 1785) 봄에 반드시 병화兵禍가 있을 것이니 즉시 내려와 난리를 피해야 한다'고 거사에 합류할 것을 요청했다. 그들은 이와 같은 방식으로 많은 이를 경남 하동의 거점으로 불러 거사를 준비했다. 그들이 거사를 일으키기로 한 시기는 정조 9년(1785) 3월이었다. 그리고 이 발각은 한 달 전인 2월 김이용의 밀고로 이루어진 것이니, 김이용은 거사 직전까지 그들과 함께 거사를 준비하다가 거사를 며칠 앞두고 밀고하였던 것이다.

이 사건의 우두머리는 문양해였고, 문양해의 머리에서 나온 예언과 거사 계획은 서울 총책에 해당하는 양형을 통해 조직의 주요 인물인 이율과 홍복영 등에게 알려졌다. 문양해의 최종 판결문을 보면, 문양해는 "여러 가지 방법으로 사람들을 선동하고 유혹하였다. 허다한 이인異人의 이름을 엉터리로 꾸며 냈으며, 나라[의 장래]에 대하여 괘씸한 말을 퍼뜨렸다. 나라의 운수가 장차 쇠퇴하게 된다고 주장하였다. 변란이 일어나서 우리나라가 세 조각으로 갈라졌다가, 나중에 다시 하나로 합쳐질 것이라고도 하였다. 그밖에도 [진인이 거느린] 신병神兵이 바다를 건너온다는 따위의 말을 지어내서 온 나라에 널리 퍼뜨렸다. 그는 민심을 소란하게 하였다"는 죄목으로 처형당했다.

문양해는 『정감록비기』를 보고서 이러한 요언妖言을 퍼뜨렸다. 하동의 거사 거점에서 발견된 『정감록비기』에는, '임자년(1792)부터 정묘년(1807)까지 연달아 전쟁이 있고, 그 뒤로 나라가 셋으로 갈라질 것이다. 을사년(1785년) 봄에는 틀림없이 수재 水災가 있을 것이다. 충청도 임천林州과 전라도 옥구沃溝 사이의 땅이 몇 자나 되는 물에 잠긴다. 기유년(1789)에 비참한 흉년이 들 것이다. 무신년(1788년)에는 북방의 도적이 크게 일어나서 집을 부수고 절간을 허물어도 관군이 능히 대적하지 못한다. 정미년(1787)에는 곤양昆陽과 고성固城 사이에 수재가 있고, 경술년(1790)과 신해년(1791)간에는 들에 푸른 풀이 없어진다. 임자년(1792년)에는 남쪽 섬의 군사가 강을 건너온다'는 등의 내용이 적혀 있었다고 한다. 그리고 핵심 주동자 중 하나였던 양형과는 "지금 세상은 장차 쇠퇴할 운명에 이를 것이다. 만일 인재가 있으면 마땅히 반란을 평정하고 반정反正할 기회가 있을 것이다. 지금 세상은 더 이상 바라볼 여지가 없다. 그뿐만 아니라, 영웅도 없다. 그런데 내가 이율을 보니 그 사람이 식견도 있고 또한 영웅이다. 그와 함께라면 큰일을 같이 도모할 수 있을 것이다"는 등의 선동을 서로가 서로에게 했다.[221]

문양해의 요언이나 선동이 널리 수용될 수 있었던 것은 이미 18세기 후반 조선 사회 전반에 비기류祕記類에 기반을 둔 일종의 종교적 세계관이 널리 퍼져 있었기 때문이다.[222] 문양해, 양형 및 주형채 등 이 사건의 주동자들은 평민 지식인이었다. 그들은 음양술, 점성술, 풍수지리, 관상술, 둔갑술 및 의술에도 조예가 깊었으며, 이를 생계의 수단으로 삼기도 하였다. 이들 불만 지식인은 신선神仙, 이인異人 및 진인眞人과의 신비로운 교통을 염원하면서 자기들이 중심되는 새로운 사회의 도래를 열망하였던 것이 명백하다. 양반 출신이었던 이율과 홍복영이 그들을 따랐던 것도 이러한 종교적 세계관 때문이었을 것이다.

천문의 또 다른 이름, 참위

그렇다면 18세기 후반 조선 사회에서 통용된 비기류의 종교적 세계관이란 무엇이며, 유교·주자학의 나라였던 조선에서 이것이 어떻게 통용될 수 있었을까. 이와 관련하여 주목되는 양상은 18세기 술수術數 문화의 확산이다.[223] 이것은 기본적으로는 역서曆書 보급의 확대가 초래한 것이지만, 사대부 학자들의 학문 영역에 머물러 있던 우주론 및 상수학적 논의들이 풍수이론이나 명리학 등과 결합되고,『정감록』과 같은 비기류 서적이 이러한 지식을 흡수하여 나름의 체계를 이루면서 하층·평민세계에 널리 유행하게 되었다. 쉽게 말해 18세기 후반 조선의 평민들은 일상생활과 관련된 다양한 문제, 가령 질병과 가난, 결혼, 임신, 출산, 여행, 이사 등과 관련하여 중요한 결정을 할 때 점쟁이, 지관地官, 무당 등 이른바 술사術士라고 일컬어지는 사람들을 찾아가 비용을 지불하고 조언을 듣고 굿을 하는 등 필요한 '술수 서비스'를 받았던 것이다. 문광겸과 문양해가 강원도 통천으로 거처를 옮긴 후 많은 재산을 모을 수 있었던 것도 바로 이러한 술수 문화의 소비를 배경으로 한다.

18세기 술수 문화의 확산은 몇 가지 측면에서 살펴볼 수 있다. 우선, 조선 후기 역서 보급의 확대이다. 역서는 조선 후기 술수 관련 지식을 전달하고, 특히 하층부 백성들까지도 술수 문화를 영위할 수 있게 만든 계기이자 매개체였다. 역서에는 한 해의 역일과 24절기의 시각에 대한 정보를 담고 있는 월력장月曆張이 가장 먼저 나오고, 다음에는 한 해의 길흉신이 자리 잡은 방향을 보여 주는 연신방위도年神方位圖가 나온다. 그다음에는 1월장부터 12월장이 등장하고, 마지막으로 기년장紀年張이 나온다. 만약 그 해가 윤년이면 윤월에 해당하는 장이 한 장 더 추가된다. 월력장의 간지干支 정보는 기본적으로 음양오행을 토대로 하는 60갑자법으로 적혀 있으며, 이 정보는 역서를 이용한 점복 행위나 술수 행위에 가장 기본적으로 사용된다. 또 연신방위도는 역서를 이용하여 점을 치거나 술수적 행위를 하는 데에 필요한 기본적인 정보이다. '연신年神'이란 지정된 방위에 주로 1년 동안 머물면서 길흉을 다스리는 신神을 의미한다. 따라서 연신방위도는 길흉신이 머물러 있는 방위를 표시한 그림을 뜻하게 된다. 마지막의 기년장에도 갖가지 길흉신이 임하는 날이 적혀 있는데, 천은상길일天恩上吉日처럼 특정 행위를 하기에 아주 좋은 날을 적고, 각 방위를 지키는 신들이 그 방위를 벗어나는 날짜를 알려 준다. 이러한 날짜를 보고 이삿날, 혼례날, 장례 일정 등을 정했던 것이다. 역서에 적혀 있는 이와 같은 정보들은 왕실과 민간에서 술수 문화를 영위하는 데에 기초적으로 사용되었던 것들이다. 이러한 정보가 담긴 역서가 19세기 무렵에는 약 30만 부 정도가 인쇄 및 반포되었으니, 술수 문화가 확산된 배경에는 이러한 역서 보급의 확대가 있었던 것이라고 할 수 있다.[224]

그리고 세습 무당의 증가를 꼽을 수 있다. 조선시대 무당은 대개 가족 간 세습을 통해 직역職役을 전수했다. 가령, 조선 후기 경상도 단성현丹城縣의 호적대장을 살펴보면, 이 지역의 무당 일가는 몇 대에 걸쳐 무업巫業을 세습하면서 생계生計를 꾸려 나갔다고 한다.[225] 그런데 17-19세기 이 지역 무당의 호수戶數를 보면, 1678년에는 4호戶였던 것이 1783년에는 20호까지 늘어났다고 한다.[226] 이것은 그만큼 민간에서 무속과 점복에 대한 수요가 증가하였다는 사실을 말해 준다. 19세기에는 무업巫業을 체계적으로 정리한 『무당내력巫堂來歷』이라는 책도 편찬되었

다.[227] 『무당내력』은 서울지역 굿의 각 거리에 관하여 제상祭床
의 모습과 무복巫服의 양상 등을 그림으로 그리고, 이에 관하여
간단한 설명을 덧붙여 소개한 책이다. 이 책에는 12가지의 굿
거리가 정리되어 있는데, 예컨대 아들 낳기를 바라는 굿(제석거
리帝釋巨里), 소원을 이루어 주는 굿(대거리大巨里), 아이가 천연두에
걸리지 않기를 바라는 굿(호구거리戶口巨里), 조상들이 미래의 길흉
을 알려 준다는 굿(조상거리祖上巨里), 병을 물리치는 굿(굿거리), 사
신의 무사 귀환을 비는 굿(구릉) 등이다.

　무엇보다도 참위의 유행이다. 18세기에는 변란의 발생과 왕
조의 교체, 혹은 괴질의 유행이라는 참위적 내용들이 유포되기
시작했는데, 이들 참위적 내용들은 흔히 술사라고 지칭되는 이
들에 의해서 생산되고 유포되었다. 그리고 이들 참위적 내용과
술사들은 18세기 이후 조선 사회의 정치·경제적 변동 속에서
여러 차례의 역모와 민란의 주도 세력, 혹은 사회적 불만 세력
에 의해 거사 도모의 이론적 근거이자 일반 민民을 동원하는 수
단으로 이용되었다.[228]

　참위가 역사적으로 유행한 것은 중국 후한後漢 때였다. 전한
前漢 무제武帝 때 동중서董仲舒에 의해 체계화된 재이론災異論이 후
한 대에 이르러 참위적이고 예언적豫言的인 색채를 띠게 되었다.
본래 재이는 군주의 실정失政에 대한 하늘의 경고로 간주되었

는데, 재이론의 이론적 토대였던 음양오행설과 천인감응론이 『주역周易』의 이론과 결합되면서, 재이와 같은 다양한 자연 현상이 미래의 좋지 않은 일을 예언하는 전조前兆로 간주되기 시작했다. 이후 후한과 당唐의 적지 않은 지식인들이 재이의 참위적 해석을 견강부회牽强附會라며 비판했고 송宋 대 성리학이 정립되면서 크게 약화되었다.

한국에서는 고려 중기까지 불교와 도교, 풍수지리를 중심으로 하는 술수 지식과 관련 담론이 사회의 중심적 담론으로 존재했고 폭넓게 향유되었으며, 중앙 정치에도 적지 않은 영향력을 끼쳤다. 그러나 조선 초기 성리학적 정치·사회 질서가 확산되면서 참위나 술수는 사람들을 혹惑되게 한다는 이유로 정책적으로 배제되었다. 조선 태종 17년(1417) 6월 1일 '서운관에서 소장하고 있는 제가諸家의 장서葬書는 사람을 속이고 유혹誘惑하니 모두 불태워야 한다'는 논의는[229] 이와 같은 배경에서 제기되었던 것이다.

하지만 조선 사회에서 참위가 완전히 사라졌던 것은 아니다. 16세기 이문건李文楗의 『묵재일기黙齋日記』와 유희춘柳希春의 『미암일기眉巖日記』, 그리고 18세기 황윤석의 『이재난고』를 보면, 유교·성리학으로 무장한 양반 사대부 또한 생활 속에서 참위나 술수를 폭넓게 영위했음을 알 수 있다. 사실 유학자의 점복 행위가 경학이나 자연철학과 동떨어져 보일 수도 있지만, 술수학 혹은 점복 관련 지식들은 경학이나 자연철학, 천문학의 지식 분야와, 인적人的·이론적인 측면에서 서로 착종되면서 항상적으로 영향을 주고받았기 때문에 두 영역을 계층적으로 분리해 이해하는 것은 쉽지 않다. 고도로 정밀한 천문·역산학 지식을 활용해서 역서를 만들지만 결국 이것이 술수 문화의 영위를 가능케 했다는 점을 생각해 보면, 양자의 관계를 어렴풋하게나마 이해할 수 있을 것이다.

문광겸이 체포될 당시 지니고 있었던 문헌 중에 『국조편년國祚編年』이 있었다.[230] 이 책은 앞으로 일어날 병란과 재해, 질병의 유행을 연대순으로 서술해 놓은 책이다. 사실 이러한 서술은 조선 후기에 발달한 '우주론적 연대기' 서술의 전통과 밀접한 관련이 있다. 북송 대 소옹邵雍의 『황극경세서皇極經世書』에서부터 시작된 우주론적 연대기의 전통은 상수학적 자연관을 역사에 대입시킨 것이다. 홍계희의 『경세지장經世指掌』과 서명응의 『황극일원도皇極一元圖』가 대표적인 저작인데,[231] 이와 같은 우주론적 연대기 형식을 약간만 확장시키거나 변형시키면, 이것이 곧 여러 비기류 서적에서 이야기하는 예언 형식의 글들로 바뀌는 것이다.[232] 요컨대 『국조편년』과 같은 비기류 연대기 서적들의 내용이나 형식의 이론적 토대는 『경세지장』이나 『황극일원도』

가 공유하고 있는 우주론과 큰 차이가 없는 것이다.

조선 후기 왕조의 멸망과 새로운 왕조의 성립, 전란의 발생, 질병의 유행 등에 관한 예언을 담은 참위서들이 하층민들 사이에서 널리 유행했다. 흔히 『정감록』이라고 지칭되는 책자가 대표적인데, 이외에도 '○○○비기秘記', '○○○비사秘事 또는 秘史', '○○○비결秘訣' 등의 이름이 붙은 참위서들이 조선 후기 여러 민란이나 괘서 사건에 꾸준히 등장했다. 이 책들에는 환란의 발생이나 왕조의 멸망, 신왕조의 개창이라는 극히 '불온한' 내용이 담겨 있기 때문에 당연히 비밀스럽게 작성되고 은밀한 경로를 통해서 민간에 유통될 수밖에 없었다.

그래서 이러한 비기류의 서적은 누가 언제 어떻게 작성했는지 알 수가 없다. 18-19세기 민란과 반란에 자주 등장했던 『정감록』의 경우도, 영조 15년(1739) 8월 경에 처음으로 조선 정부 기록에 등장하는데, "이때 서북 변방 사람들이 정감鄭鑑의 참위한 글을 파다히 서로 전하여 이야기하므로 조신朝臣이 불살라 금하기를 청하였다"라고만²³³ 할 뿐 정부에서도 그 정확한 경위는 파악하지 못하고 있었다. 이러한 사정을 감안하면 『정감록』의 출현 시기는 더 일렀을 수도 있다. 실제로 『정감록』의 출현을 16세기로 보는 연구도 있고, 심지어는 고려의 비기서에 연결시키기도 한다. 대략 황해도와 함경도, 평안도 지방 등지에서 유행하고 있었다고 전하는 내용을 근거로 불만을 품은 서부지역의 지식인들에 의해 저술된 것으로 추정할 뿐이다.[234]

문광도는 18세기 중반 영조 대 천문역산학 사업의 한 가운데에 있었던 인물이다. 다양한 정부 사업에도 참여했고, 많은 양반 사대부 학자와도 교류했다. 명실상부 18세기 영조 대를 대표하는 중인 천문학자 중 한 명이라고 할 수 있다. 반면에 문광도의 형제·조카였던 문광겸과 문양해는 18세기 후반 역모 사건 한가운데에 있었던 이들이다. 참위·술수 지식을 이용하여 역모에 드는 자금을 모으고, 가담할 사람들을 모았다. 행위의 목적은 달랐지만 문광겸과 문양해는 18세기 후반의 대표적인 평민 '천문학자'라고 평가할 수 있을 것이다.

아쉬운 점은 두 형제의 삶의 궤적이 너무나도 달라 왜 이렇게 다른 삶을 살았던 것인지 가늠조차 어렵다는 사실이다. 문광겸은 왜 문광도처럼 음양과에 응시하지 않았을까. 혹시 문광겸은 계속해서 잡과에 낙방하여 다 포기하고 공주로 내려갔던 것일까. 불만을 품게 된 것이 출세한 동생에 대한 자격지심 때문은 아니었을까. 많은 의문이 들고 진한 여운도 남지만, 현재로서는 해결할 길이 없다. 상상의 영역에 맡겨 두는 수밖에 없을 듯하다.

18세기 관상감의 중인 관원인 문광도와 그의 가족에 관한 이야기를 미시사적으로 다룬다는 것이 처음부터 무모한 도전이었는지도 모르겠다. 사료가 많지 않다는 사실은 시작할 때부터 알고 있었고, 편린의 사료를 활용하여 추론과 방증傍證을 통해 설명하고자 했으나, 많은 면에서 역부족이었다. '문광도'라고 하는 관상감 중인 관원의 삶을 조금이나마 엿볼 수 있었다면 다행으로 여긴다.

몇 가지의 아쉬운 점을 짚어 보면서 책을 마무리하고자 한다. 첫째, 문광도가 천문학자의 삶을 살게 된 계기를 분명히 밝히지 못했다. 문광도의 증조부, 조부, 부친은 모두 역관을 역임했다. 조선 후기 중인의 세전世傳 경향을 고려해 봤을 때, 문광도 또한 선대의 전공을 이어서 역관으로 진출했을 법도 한데, 전공을 음양과로 바꿔 관상감 관원이 된 계기를 분명하게 밝히지 못했다.

이 책에서는 문광도가 천문학을 전공하는 데에 영향을 주었을 법한 인물로 두 사람을 주목했다. 한 명은 장인 전덕윤이고 다른 한 명은 스승 홍양해이다. 문광도는 전덕윤의 딸과 혼인했는데, 전덕윤은 음양과 출신의 관상감 관원으로, 당시 많은 관상감 관원과 친인척 관계를 맺고 있었다. 문광도를 관상감 관원의 길로 이끌었을 개연성이 높다.

홍양해는 당대 최고의 수학 전문가로, 문광도의 수학 선생님이었다. 그는 한원진의 제자로서 충청도 홍주에 거주하던 호서산림인데, 젊어서는 서울에서 생활했다. 아마도 두 사람의 만남은 홍양해가 충청도로 이주하기 전 서울에서 이루어졌을 것으로 보이는데, 두 사람이 처음 어떻게 만나게 되었는지는 알 수 없다. 다만, 문광도의 선대가 대대로 역관을 지냈다는 점을 생각해 보면, 둘의 만남을 자연스레 연결 지을 수 있다. 왜냐하면, 18세기 조선에서 유통된 한역 수학 및 천문서적 대부분은 연행燕行을 통해 전래한 것이기 때문이다.

문광도의 조부와 부친은 숙종 대 후반부터 영조 대 전반까지 청淸 사행에 계속 참여했을 것으로 추정된다. 이 시기 조선에서는 청을 따라 『서양신법역서』→『역상고성』→『역상고성후편』의 순서대로 개력改曆이 이루어졌고, 여기에 필요한 수학 및 천문학 학습을 위해 많은 수의 관상감 관원과 역관이 청으로 파견되었다. 특히, 서양 과학기술 서적의 구입과 청 학자와의 교류는 대부분 역관의 주선을 통해 이루어졌다. 홍양해가 젊어서 암송했다고 하는『수리정온』역시 역관이 구입해서 조선에 들어온 서적이었다. 조선 후기 서양 천문학을 기반으로 하는 시헌력으로의 완전한 개력을 위해 수많은 역관과 관상감 관원이 청에 다녀왔고, 문광도의 선대 또한 이 과정에 직간접적으로 참여했을 것으로 추정되는바, 서양 수학에 높은 관심을 보였던 홍양해와의 만남은 이러한 배경에서 이루어지지 않았을까 사료된다.

둘째, 문광도의 23년 관직 생활을 실증적으로 살펴보지 못했다. 문광도는 27세 때인 영조 29년(1753) 음양과陰陽科 식년시式年試에서 장원한 이후 49세로 사망할 때까지 약 23년 간 관상감에서 관직 생활을 했다. 18세부터 시작한 관상감 생도生徒 생활까지 포함하면 그 기간은 훨씬 더 길어진다. 18세기 관상감 관원은 완천 → 음양과 합격 → 근무평정과 내부 승진 → 삼력관三曆官 지위 획득 → 참상직參上職 천전遷轉 → 가자加資 → 지방관 진출 등의 과정을 거치면서 관직 생활을 했다. 모두가 이러한 과정을 거치는 것은 아니었고, 실력이 출중한 관원만이 이러한 엘리트 코스를 밟을 수 있었다. 문광도는 이러한 과정을 착실히 밟았고, 함흥 감목관을 끝으로 관직 생활을 마무리했다. 다만, 문광도가 각 과정을 어떻게 거쳤는지는 확인할 수가 없었다. 아마도 하위직이었을 때는 오랫동안 입직하며 천문현상을 관측하고 기록하는 업무를 보았을 것이고, 중간 이상이 되었을 때는 역서 편찬에 참여하며 일월교식 등의 계산 업무를 수행했을 것이다. 관상감의 중요 업무 중 하나였던 시간 측정과 보시報時의 업무는 금루관이 별도로 수행하는 것이었는데, 영조 대 보루각과 흠경각 보수補修 사업 및 『누주통의』의 편찬 등에는 관여했을 개연성이 높다.

셋째, 문광도와 양반 사대부 지식인의 학문적 교유를 깊이 있게 살펴보지 못했다. 문광도는 스승 홍양해, 서명응·서호수 부자, 황윤석 등과 학문적으로 교유했고, 출중한 실력을 바탕으로 국왕인 영조와 직접 대화할 기회도 몇 차례 얻었다. 스승 홍양해와의 만남은 여러 가지가 베일에 가려져 있는데, 그가 낙론계 가문 출신이었다는 점에서 개방적이고 신분 초월적인 교육철학이 그 배경에 있었던 것으로 보인다. 홍양해 가문과 직접 연결되는 낙론계의 거두 이재李縡는 귀천貴賤과 존비尊卑에 관계없이 누구나 교육받을 수 있다고 강조했다. 신분적 동질성을 인정한 위에서 신분을 초월한 교육의 당위성과 필요성을 주장했던 것이다. 문광도가 중인으로서 홍양해와 교유하며 가르침을 받을 수 있었던 배경에는 이러한 낙론계의 교육철학이 있었을 것이다. 홍양해는 20세를 전후하여 서울에서 강학講學 활동을 했고, 문광도 역시 이때 배웠을 것으로 보인다. 문광도는 홍양해로부터 『기하원본』을 배웠다. 둘의 교유는 홍양해가 홍주로 옮긴 뒤로도 계속되었는데, 가령 문광도는 부친상을 당했을 때 묫자리 쓰는 문제에 관해 홍양해와 상의했고, 일식 대식帶食의 교식법交食法에 대해 문의하기도 했다. 수에 대한 홍양해의 기본 적인 인식은 '수는 정밀하게 꿰뚫어야 한다'는 것이었다. 그리고 이러한 인식은 같은 집안의 홍계희의 영향이었을 것으로 추정된다.

문광도는 서명응·서호수 부자와도 교유했는데, 특히 서호수는 수학을 '벽癖'의 자세로 탐구한 인물 중 하나였다. 서호수는 도리道理에 대한 깨달음을 얻고자 수학 공부를 했던 것이 아니라, 수학 그 자체의 학문적 가치를 인정하고, 실측과 측량, 계산과 관측을 적용하면 농업경제, 군사기술, 교통·운송 분야의 문제 해결에 기여할 수 있을 거라는 문제의식을 바탕으로 수학을 학습하고 관측, 실측, 측량, 계산 등의 활동을 수행했다. 그런데 관측, 실측, 측량, 계산 등의 활동은 관상감의 중인 천문학자의 전문 분야였고, 이 지점에서 문광도는 실질적인 도움을 줄 수 있었을 것이다. 문광도는 서명응의 '신법혼천도' 제작에 도움을 주었고, 서호수에게는 『기하원본』을 가르쳤다. 한편, 『이재난고』를 통해서는 황윤석과의 교유도 엿볼 수 있다. 황윤석은 서호수를 통해 처음 문광도를 소개받았다. 처음에는 신분적 차이로 만남을 꺼렸지만, 이내 가깝게 지내며 깊이 있는 대화를 나누었다.

문광도는 우수한 실력을 바탕으로 국왕 영조와 직접 대화할 수 있는 '영광'도 얻었다. 일식 추보, 혜성 관측, 『동국문헌비고』 「상위고」의 편찬과 같이, 천문역산학 분야의 이슈가 발생하면 영조는 문광도, 안국빈, 김태서 등의 관상감 대표 관원을 불러 이슈에 관해 질문하곤 했는데, 이 과정에서 영조와의 만남이 이루어졌다.

넷째, 문광도의 형제와 조카가 어떻게 하여 문광도와는 정반대의 삶을 살았던 것인지 규명하지 못했다. 문광도의 형 문광겸과 문광겸의 아들 문양해는 정조 9년(1785) 3월 홍복영·이율 등과 공모하여 이른바 '정감록 사건'에 가담하였다. 특히, 그들은 '산인세력' 역할을 맡았는데, '나라의 운수가 장차 쇠퇴하게 될 것이다. 변란이 일어나 나라가 세 조각으로 갈라졌다 다시 하나로 합쳐질 것이다. 신병神兵이 바다를 건너온다'는 등의 참언讖言을 하며, 사람들을 선동하고 거사에 참여시켰다.

문양해의 요언이나 선동이 널리 수용될 수 있었던 것은 이미 18세기 후반 조선 사회 전반에 비기류에 기반을 둔 일종의 종교적 세계관이 널리 퍼져 있었기 때문이다. 18세기 후반 조선의 평민들은 일상생활과 관련된 다양한 문제들, 가령 질병과 가난, 결혼, 임신, 출산, 여행, 이사 등과 관련하여 중요한 결정을 할 때 점쟁이, 지관地官, 무당 등 이른바 술사術士라고 일컬어지는 사람들을 찾아가 비용을 지불하고 조언을 듣고 굿을 하는 등 필요한 '술수 서비스'를 받았다. 이러한 술수 문화는 조선 후기 역서 보급의 확대, 세습 무당의 증가, 참위의 유행 등을 배경으로 한다. 특히, 술수학이나 참위사상은 천문학의 지식 분야와 이론적으로 서로 착종되면서 영향을 주고받았다. 즉, 문광도가 평생 몸담았던 천문학 분야 지식과 문광겸과 문양해가 선동하는 데에 활용했던 술수와 참위 지식은 이론적으로 상통하는 것이었다. 그래서 문광겸·문광도 형제가 같이 천문학 분야에서 전문적인 지식을 쌓았으면서도, 누구는 관상감 관원이 되어 지방관까지 역임한 반면에 누구는 요언을 퍼뜨리고 선동하며 역모에 가담하게 되었는지가 의문이다.

주석

1   조승구, 『조선초기 서운관의 기능과 변천』, 석사학위논문, 연세대학교, 1998; 허윤섭, 『조선 후기 관상감(觀象監) 천문학(天文學) 부문의 조직과 업무: 18세기 후반 이후를 중심으로』, 석사학위논문, 서울대학교, 2000.

2   박권수, 「조선 후기의 역서(曆書) 간행에 참여한 관상감 중인 연구」, 『한국과학사학회지』 37(1), 한국과학사학회, 2015; 박권수, 「조선 후기 관상감(觀象監) 입속자(入屬者) 연구」, 『한국사연구』 187, 한국사연구회, 2019a; 박권수, 「조선 후기 관상감 산원직(散員職)의 설치와 확대: 삼력관(三曆官)을 중심으로」, 『한국과학사학회지』 41(3), 한국과학사학회, 2019b; 경석현, 「조선 후기 천문학겸교수(天文學兼敎授)의 활동과 그 의미」, 『동방학지』 176, 연세대학교 국학연구원, 2016; 경석현, 「조선 영조 대 천문학겸교수(天文學兼敎授)의 운용과 활동 양상」, 『조선시대사학보』 91, 조선시대사학회, 2019; 경석현, 「조선 정조 대 관상감 겸교수 제도의 정비와 그 의미」, 『한국사연구』 193, 한국사연구회, 2021.

3   구만옥, 『영조 대 과학의 발전』, 한국학중앙연구원출판부, 2015, 221쪽.

4   박권수, 「참위서의 유행과 《정감록》」, 『한국의 술수과학과 문명』, 들녘, 2022, 249-278쪽.

5   정조 9년의 이른바 홍복영 옥사 사건에 관해서는 고성훈, 「정조조 홍복영 옥사와 산인세력(山人勢力)」, 『동국사학』 26, 동국사학회, 1992; 배혜숙, 「정조년간 홍복영옥사 연구」, 『역사와 실학』 5·6, 무악실학회, 1995; 백승종, 「18세기 후반 평민 지식인들의 지하조직: 1785년 3월의 정감록 사건」, 『한국사론』 36, 국사편찬위원회, 2002 등 참고.

6   나영훈, 「조선후기 관상감(觀象監) 관원의 친족 네트워크와 결속」, 『한국학』 156, 한국학중앙연구원, 2019.

7   구만옥, 「마테오 리치(利瑪竇) 이후 서양 수학에 대한 조선 지식인의 반응」, 『한국실학연구』 20, 한국실학학회, 2010, 342-346쪽; 임종태, 『여행과 개혁, 그리고 18세기 조

선의 과학기술』, 들녘, 2021, 112-114쪽.

8 『雲觀先生案』, 697쪽(황원구·이종영 엮음, 『朝鮮後期 曆算家譜·索引』, 한국문화사, 1991의 쪽수. 이하 『雲觀先生案』에 대한 인용은 모두 해당 서지정보와 페이지 수를 따른다), '文光道', "字玄度丁未生, 父司譯前銜百齡, 祖譯科益昌, 曾祖司譯判官尙俊, 外祖典醫正海州李壽堅, 癸酉式魁, 名於數理別薦三曆官兼敎授義盈主簿文川監牧官, 南平人."

9 『譯科榜目』(국립중앙도서관, 일산古6024-98), 康熙癸巳增廣, 文千齡, "字大年, 乙亥生, 本南平, 漢學舊押物正, 益昌子"; 同, 康熙丙子式年, 文益昌, "字子裕, 壬子生, 本南平, 漢學, 父譯判官尙俊." 문광도의 부친은 문백령인데, 현재의 『역과방목』에는 '문백령'은 없고, '문천령'이 있다. 문천령의 가계와 관직을 보면 문광도의 부친인 문백령과 동일하여 문천령과 문백령은 동일 인물인 것으로 보인다.

10 『醫科榜目』(국립중앙도서관, 古朝26-19), 庚午式年, 李壽堅, "己酉, 父熙命見律, 妻陽城李陽運, 海州."

11 이남희, 『朝鮮後期 雜科中人 硏究』, 이회문화사, 1999, 191쪽.

12 김두헌, 『조선시대 기술직 중인 신분 연구』, 경인문화사, 2013, 173-174쪽. 김두헌은 조선 후기의 중인 신분은 법률로서 제정된 것이 아니라, 시간을 두고 해당 신분의 혈통과 특성을 자자손손 유지해 나가면서 사람들의 의식 속에서 점차적으로 형성된 신분 계층이라고 했다. 특히, 중인 신분이 형성된 사회적 배경을 두 가지로 보았는데, 첫째 성리학적 명분론의 강화로 지배층의 벌열화 양상이 심해지면서 지배층 내의 분화가 이뤄졌고, 둘째 국내외 정세 및 사회경제적 환경의 변화로 통역, 의료, 산학 등 전문 분야에 높은 수준의 기술자들이 필요하게 되었다고 하였다.

13 이남희, 앞의 책, 1999, 230쪽. 【표 5-11】 부친·조부·증조의 과거 합격 실태 참고.

14 한편, 나영훈은 『운관선생안』의 관상감 관원 441명의 성관(姓貫)과 가계(家系), 전공 여부, 혼인 관계 등을 분석했는데, 부친이 역과나 의과 등 타과를 전공한 경우가 약 20% 정도였다고 한다(나영훈, 앞의 글, 2019, 58쪽). 『운관선생안』에는 판관 이상을 역임한 관원만을 수록했기 때문에 『운과방목』을 바탕으로 한 연구와는 다소 차이는 있을 수 있지만, 전체적인 경향성은 두 연구가 대동소이하다.

15 이남희, 앞의 책, 1999, 184쪽; 김두헌, 앞의 책, 2013, 27-28쪽.

16 『明皇全集』 卷16, 碑銘墓誌銘墓表, 「義盈庫主簿文君墓表」, "配河陰田氏, 護軍德潤女."

17 『雲觀先生案』, 702쪽, 田德潤, "丙戌生, 乙卯式, 推步官."

18 『三曆廳完薦錄』(서울대학교 규장각한국학연구원, 古5120-136), 3頁, "文應奎, 甲子二月日薦, 父百齡." 문응규(文應奎)는 문광도의 어릴 적 이름인 것으로 보인다.

19 참고로 『경국대전』에는 남녀 초혼 연령의 하한이 남자는 15세, 여자는 14세로 규정되어 있지만 19세기 중반 서울에 거주한 중인 가문의 초혼 연령을 실증적으로 검토한 연구를 보면, 이들의 초혼 연령은 12-15세가 거의 대부분이었고, 평균 초혼 연령은 13.24세였다고 한다(김두헌, 「19세기 중인의 초혼 연령 및 배우자의 신분: 현탁 가문과 김상순 가문의 사례」, 『향토서울』 73, 서울특별시사편찬위원회, 2009, 20쪽). 문광도가 18세에 관상감에 입속했으니 그 전에 전덕윤의 딸과 혼인을 했을 가능성은 충분하다.

20 『書雲觀志』卷1, 薦擧, "凡願屬者, 依署經例, 以父母妻四祖單子及保擧單子【具三保, 天文學判官以上二員三曆官一員】."

21 『雲科榜目』, 789쪽(황원구·이종영 엮음, 앞의 책, 1991의 쪽수. 이하 『雲觀先生案』에 대한 인용은 모두 해당 서지정보와 페이지 수를 따른다). 庚子式年, '崔光賓', "父允迪見宇, 妻河陰田德潤."

22 『雲觀先生案』, 705쪽, 田德雨, "壬午生, 庚子式魁, 推步官兼敎授引儀, 江華監牧官, 瓦署別提, 南陽監牧官."

23 『雲觀先生案』, 710쪽, 趙泰鼎, "己未生, 三曆官久任訓導久任久任."

24 『雲科榜目』, 806쪽(趙必壽); 810쪽(趙昌壽); 812쪽(趙頤壽).

25 『雲觀先生案』, 702쪽, 李德星, "始完子外祖監正趙泰鼎." 이덕성의 가계와 활동에 관해서는 안영숙 외, 「조선 후기 천문학자 이덕성의 생애와 천문활동」, 『天文學論叢』 32(2), 한국천문학회, 2017, 367-380쪽 참조.

26 『承政院日記』 1,292册, 英祖 45年 5月 3日(甲申), "鳳漢曰, 當今明於算法者, 光道·士人洪良海也. 上曰, 誰也, 鳳漢曰, 洪啓百之子也, 光道亦學於此人云矣"; 『頤齋亂藁』卷9, 丁亥(1767) 12月 8日(戊辰), "惟洪生海, 當爲第一, 方居洪州, 徐浩修得燕中購來律曆淵源一書, 及洪因人請借, 卽擧全帙遺之, 不獨暫借而已, 京城中路[市井百姓之地處表著者俗號中路]文光道, 曾經主簿, 能算交蝕者, 亦學算數於洪, 如幾何原本一書, 皆洪所敎, 而徐亦學於文光道, 略有聞見云矣."

27 『父師堅窩府君事實記』, 4頁, "父師以崇禎再週甲辰之歲二月二十二日干支, 生於漢師阿峴第."(전남대학교 중앙도서관, 2H2-홍62ㅂ) 『부사견와부군사실기(父師堅窩府君事實記)』(이하 『사실기』로 줄임)는 홍양해의 집안 후손 홍병례(洪秉禮)가 1833년 무렵 지은 홍양해의 연대기 자료이다. 홍양해에 관한 자료는 매우 적다. 홍양해가 처형되면서 관련 자료가 모두 사라진 것으로 보인다. 그만큼 『사실기』의 사료적 가치는 높다고 할 수 있는

데, 다만 홍양호의 연대기를 영웅담처럼 기술했고, 다른 자료와 서로 충돌하는 기록도 많아 주의가 필요하다. 당장 홍양해의 출생 지역이 그러한데, 『사실기』에서는 한성 아현제에서 태어났다고 했지만 홍양해의 심문기록 등을 보면 그가 태어난 곳은 경기 고양 화전리이다[『推案及鞫案』卷23, 洪量海推案, "量海, 年五十五矣, 結案, 白等矣身根脚段, 父啓百, 父矣父禹諸, 母趙召史, 母矣父泰釆, 竝已故, 白良乎父母以胎生於京畿高陽花田里, 入籍居生於公忠道洪州用川面."『承政院日記』1,425冊, 正祖 2年 7月 22日(己酉), "量海胎生於京畿高陽郡云";『正祖實錄』卷 6, 2年 7月 30日(丁巳) "量海胎生邑高陽郡"]. 따라서 『사실기』를 인용할 때에는 세심히 따져 보아야 한다.

28 조성산, 『조선 후기 낙론계 학풍의 형성과 전개』, 지식산업사, 2007, 316쪽.

29 호락논쟁의 전개 과정과 주요 논점, 사상사적 의미에 대해서는 유봉학, 『연암일파 북학사상 연구』, 일지사, 1995, 88-100쪽; 조성산, 앞의 책, 262-279쪽; 이경구, 『조선, 철학의 왕국: 호락논쟁 이야기』, 푸른역사, 2018, 90-105쪽 참고.

30 『承政院日記』1,425冊, 正祖 2年 7月 21日(戊申). 정조는 즉위하자마자 자신의 즉위를 반대했던 세력을 숙청하고, 이 숙청 작업의 정당성을 천명하고자 『명의록(明義錄)』을 편찬했다. 한편, 홍양해의 근족 홍계희는 이재의 제자였는데, 영조의 신임을 얻고 탕평 정국에 깊숙이 관여하면서 스승과 멀어지게 되었고, 대리청정하던 사도세자와도 대립하게 되었으며, 임오화변(壬午禍變) 이후 사도세자를 죽게 만든 장본인으로 지목되었다. 그런데 홍계희 사후인 정조 원년(1777)에 자객이 정조를 시해하려 한 사건이 터졌고, 홍계희의 손자인 홍상범(洪相範)이 자객의 배후로 밝혀졌다. 정조는 일련의 사건을 처리한 후 『속명의록(續明義錄)』을 편찬했다. 뒤이어 정조 2년(1778)에는 충청 호론계 유생들이 『명의록』은 '가짜 글(假文)'라고 기롱한 사건이 발생했다. 배후는 한원진의 조카 한후익(韓後翼)으로 밝혀졌고, 한원진의 제자 홍양해도 가담했다는 사실이 드러났다. 특히, 홍양해에게는 '자객을 모색했다. 군대를 준비했다'는 등의 혐의도 추가되었다. 당시 세간에서는 이 사건을 '호옥(湖獄)'이라고 부를 정도로 정조 즉위 초 호론은 정치적으로 큰 타격을 입게 되었다. 이상의 서술은 이경구, 앞의 책, 236-238쪽 참고.

31 『推案及鞫案』卷23, 洪量海推案, "供曰, 量海父啓百, 卽先正李文正[李縡]之弟子, 渠[洪量海]則韓元震弟子, 矣父則亦李文正之弟子, 故矣身常時心非量海之, 所謂盖以理氣之戰故也. 問, 汝之所以非量海者何也. 供曰, 以理氣之戰父子異論故矣身非之. 問, 量海凶論何不直告. 供曰, 理氣之戰卽凶論也. 問, 理氣之戰何爲凶論. 供曰, 矣身則不善於文

雖不知裏面, 以其父子異論往復相爭, 則豈不凶論乎." 홍양해의 부친 홍계백은 홍양해
가 20세 때인 영조 19년(1743) 2월 9일에 사망했다. 그래서 만약 홍계백·홍양해 부자
사이에 이기론 논쟁이 있었다면 홍양해의 10대 후반이었을 것이다. 그런데 홍양해가
10대 후반에 한원진과 교류했는지는 확실하지 않다. 『사실기』에는 홍양해가 20세 때
거처를 충청으로 옮기면서 한원진을 스승으로 따르게 되었다고 나오는데, 이 공초에
따르면 그 이전에 이미 한원진을 따랐던 것으로 보인다.

32 영조 46년(1770) 3월 17일 황윤석(黃胤錫)이 이현직(李顯直)에게 보낸 편지글을 보면, 당
시 산학에 밝은 인물로 홍양해, 이삼환, 서호수, 문광도 등이 있는데, 홍양해에 대
해서는 당대 최고의 산학자라고 평가하면서, 본래는 경성인(京城人)이고 고참판(故參
判) 홍수헌(洪受瀗)의 후손인데, 가족과 함께 홍주(洪州)로 내려갔다고 하였다『頤齋亂藁』
卷14, 庚寅(1770) 3月 17日(甲午), 「答李君顯直子敬算學八問」, "量海, 本京城人, 故參判受瀗之孫, 擧家下洪
州. 世稱當今明數者, 曰洪量海, 曰李嘉煥, 而朝士則徐浩修, 中路則文光道, 是已, 而徐父子, 實與洪最密
云". 또 영조 3년(1727) 홍양해 3세 무렵에 부친 홍계백이 정미 증광 생원시에 합격했
는데, 이 당시 거주지 역시 서울이었다『崇禎再丁未合五慶增廣別試司馬榜目』(국립중앙도서관, 古
朝26-29-50), "幼學洪啓百, 祥南己卯, 本南陽, 居京, 父通訓大夫行高山縣監全州鎭管兵馬節制都尉禹謂".

33 『사실기』의 이 기록 또한 정확한 것은 아니다. 『사실기』에는, 계해년 즉 영조 19년
(1743) 봄 홍양해가 20세 무렵 거처를 충청도로 옮기는 과정에서 강규환이 얻어다 준
『經義記聞錄』을 보았다고 기술되어 있는데, 강규환은 영조 7년(1731) 홍양해가 8세였
을 때 이미 사망했고, 또 『경의기문록』의 초간본은 강규환의 사후인 영조 17년(1741)
에 간행되었기 때문에, 홍양해가 강규환으로부터 『경의기문록』을 직접 얻었다고 보
기는 어렵다. 한편 『경의기문록』은, 한원진의 생질이자 제자인 강규환이 수개월 동
안 한원진을 따르며 『大學』, 『中庸』, 「太極圖說」, 『啓蒙』 등의 책으로 수업하길 청하
자, 이로써 한원진이 자신의 스승인 권상하(權尙夏)로부터 들었던 내용과 선유(先儒)의
제설(諸說)에 자신의 견해를 더하여 편술한 문헌이라고 할 수 있다. 숙종 41년(1715) 한
원진의 '가르침[說]'을 강규환이 기록하여 『경의기문록』을 작성하였고, 숙종 43년(1717)
권상하의 감정(勘定)을 거친 후 경종 2년(1722) 한원진이 쓴 발문을 붙여 영조 17년
(1741)에 초간본이 간행되었다. 이러한 사정을 고려해 볼 때, 홍양해가 20세 무렵 『경
의기문록』을 보았다면, 강규환이 아니라 다른 인물을 통해서였을 것이다.

34 『父師堅窩府君事實記』, 8頁, "嘗因姜參奉奎煥, 得見嵬塘問答及經義記聞錄, 一見便
知師門義理之正, 稟于王母淑夫人曰, 南塘韓先生, 年郡德高, 義理淳正. 且西湖素稱魚

稻, 兒亦厭處闉闍之中, 欲移家下鄕就養從師何如, 淑夫人嘉而許之."

35 홍양해는 영조 24년(1748)에 보령(保寧)으로 갔다가, 영조 25년(1749)에 서산(瑞山)의 남
주(南州)로 옮겼고, 영조 33년(1757)에 홍주(洪州)로 옮겨 정착했던 것 같다. 『父師堅窩
府君事實記』, 9頁·11頁·12頁 참고.

36 『父師堅窩府君事實記』, 4頁, "爲兒嬉戲常倣卦劃星辰以繪地."

37 『父師堅窩府君事實記』, 5頁, "八歲, 受商書, 如芬三百璇璣玉衡註解等處, 融會如破竹,
先進奇之."

38 『부사실기』6면에는 홍양해가 경신년(庚申年), 즉 영조 16년(1740) 17세 때 과거 공부
를 포기하게 된 사연이 소개되어 있다. 다음 7면에 『수리정온』에 관한 에피소드가 나
오고, 이어서 20세 때 있었던 일화가 나온다. 이러한 이야기의 흐름에 따라 홍양해는
10대 후반 17-20세[영조 16-19년] 무렵 『수리정온』을 읽었을 것으로 추정된다. 『수리정
온』은 『역상고성(曆象考成)』, 『율려정의(律呂正義)』와 함께 『율력연원(律曆淵源)』을 구성하
는 3부작 중 하나이다. 『수리정온』은 영조 5년(1729) 사은사의 일행으로 연행에 참가
했던 관상감 관원 이세정(李世楨)이 구입해 왔으므로[『承政院日記』702冊, 英祖 6年(1730) 3月
3日(辛未)], 늦어도 영조 6년(1730) 이후에는 조선 사회에 유통되었을 것으로 보인다. 그
러니 홍양해가 17세(영조 16년) 무렵 『수리정온』을 읽었을 수는 있다. 그런데 홍양해가
『수리정온』을 어떻게 읽을 수 있었느냐가 문제이다. 이 책들은 청(淸)에서 '금물비서
(禁物秘書)'로 취급되어 구입해 오기도 어려웠고, 조선에 전래된 이후에도 아주 제한된
인원만이 읽을 수 있었다. 홍양해가 『수리정온』을 빌려 보고자 했으나 거절당했다는
사연은 이러한 당시 분위기를 배경으로 하고 있을 것이다. 홍양해가 어떻게 『수리정
온』을 빌려 보았는지 현재로서는 정확히 파악하기가 어렵다.

39 『팔선표(八線表)』는 『수리정온』에 포함되어 있는 삼각함수표로, 구면삼각법을 적용하
는 각종 계산에 쓰여 역서 제작에 필수적으로 활용되었다. 전용훈, 『한국천문학사』,
들녘, 2017, 235쪽 참고.

40 『父師堅窩府君事實記』, 7頁, "庚申, … 一日見數理精蘊於一處, 欲借見而主人不許, 遂
潛心嘿識日暮方歸明燭傳謄其書, 本無文理, 只自一二三四, 至百千萬億, 顚倒順逆, 實
難總領而已. 翌曉又往如是者數十日, 主人異之, 抯卷中難解處, 叩問父師, 遂條分析無
疑晦, 主人歎賞之, 遂以全秋付之, 於是, 歸而較諸誦謄者, 不錯一字, 後又得八線諸表,
暇日推究洞然瞭然於心目之間, 數學遂精絶."

41 『明皋全集』卷16, 碑銘墓誌銘墓表, 「義盈庫主簿文君墓表」, "至明萬曆間, 自西又東,

出于中國, 則由漢迄元, 六藝之關於數, 至是乃補也. 文君光道, 海東之南平人也. 得
其書之東而又東者, 閉戶精思, 獨得人所不知, 自夫躔離留伏, 以至交食凌歷一握籌盡
之方."

42 이하 조선 후기 역법사(曆法史) 관련 내용은 구만옥, 앞의 책, 2015, 83-107쪽; 전용훈,
    앞의 책, 215-266쪽을 참고하였다.

43 전용훈, 앞의 책, 225쪽, "『서양신법역서』를 바탕으로 하는 시헌력은 지구설에 기초
    한 우주론, 티코 브라헤(Tycho Brahe, 1546-1601)의 행성운동 이론, 구면삼각법의 비롯한
    기하학, 그리고 사분의(四分儀)・육분의(六分儀)・망원경 등의 서양 관측기구와 관측기
    법을 적용하여 수립한 계산체계였다."

44 『承政院日記』 638册, 英祖 3年 5月 12日(丁卯). 당시의 관상감의 보고에 따르면, 24절
    기와 합삭현망(合朔弦望), 일출입 시각의 차이가 5-6분(分)에 이르렀고, 역주(曆註)가 다
    른 곳도 20여 군데나 되었으며, 칠정력(七政曆)의 경위도분(經緯度分)도 서로 어긋나게
    되었다고 한다.

45 당시 관상감 관원의 북경 파견은 '시헌력 계산법의 학습과 관련 서책의 구입'이라는
    목적 하에서 시행된 것인데 관상감 관원들이 이를 통해 가자(加資)와 같은 특전(特典)
    을 얻은 것 또한 사실이다. 심지어는 이 같은 이익을 꾀해서 북경행을 추진한 경우
    도 있었다. 조정의 신료들과 국왕은 이 같은 실정을 인지하고 있었고 그에 대한 의심
    을 토로하기도 했다. 이에 대한 자세한 논의는 김영식, 「조선 후기 관상감 관원들의
    북경행을 통한 이익 추구와 그에 대한 조정 신료들과 국왕의 인식」, 『학술원논문집』
    62(1), 대한민국학술원, 2023, 311-347쪽 참고.

46 홍성구, 「청질서의 성립과 조청 관계의 안정화: 1644-1700」, 『동양사학연구』 140, 동
    양사학회, 2017, 170쪽.

47 사행 업무를 수행하려면 여비나 예물 및 기타 경비가 필요하므로 조선 조정은 일찍
    부터 은화를 가지고 가서 경비에 충당하도록 하였다. 그런데 세종 때에 명에 대한
    금・은의 세공(歲貢)이 면제되면서 조정에서는 은 대신에 인삼 10근을 지급하였고, 인
    조 대에 이르러 명으로 가는 사행로가 험난해지면서 종래 한 사람 당 인삼 10근의 정
    액을 80근으로 증액하였다. 이 인삼을 10근씩 여덟 꾸러미에 나누어 싸게 하여 '팔포
    (八包)'라는 이름이 생겨났다. 사행 인원은 이 인삼 80근을 사무역의 자금으로 쓸 수
    있었던 것이다.

48 유승주・이철성, 『조선 후기 중국과의 무역사』, 경인문화사, 2002, 51-53쪽.

49 『同文彙考』補編, 卷4, 使臣別單 4, 戊申冬至正行正使尹淳副使趙翼命別單. 고시언은 이때 공을 인정받아 영조 9년(1733) 7월에 가자(加資)되었다(『備邊司謄錄』94冊, 英祖 9年 7月 20日).

50 『承政院日記』702冊, 英祖 6年 3月 3日(辛未).

51 『頤齋亂藁』卷7, 丙戌(1766) 8月 23日(辛卯), "使於使行時, 付譯官購來, 則易矣."

52 김슬기, 「18세기 중·후반 관상감 관원의 정치적 지위 변화: 안국빈(安國賓, 1669-?)의 활동을 중심으로」, 『한국과학사학회지』 43(3), 한국과학사학회, 2021, 646-651쪽.

53 티코 브라헤의 우주론에서는 우주의 중심에 정지한 지구를 두고, 태양이 지구를 중심으로 공전운동을 한다. 그런데 수성, 금성, 화성, 목성, 토성의 오행성은 지구를 중심으로 하지 않고 태양을 중심으로 공전운동을 한다. 『서양신법역서』는 이와 같은 티코 브라헤의 우주체계를 기초로 하여 각 천체들의 운동을 구현하는 기하학적인 모델을 사용하여 위치를 계산한다. 가장 기초적인 기하학적 구조는 천체의 주궤도에 해당하는 주원(主圓: 本天)과 원의 중심이 그 주원의 위를 움직이는 주전원(周轉圓: 本輪, epicycle)로 구성된다. 천체가 이 주전원 상에서 움직이는 사이 주전원의 중심이 주원 상을 움직여가기 때문에 전체적으로는 타원궤도와 비슷한 궤적을 만들게 된다(전용훈, 「숭정역서(崇禎曆書)」, 동국역사문화연구소 엮음, 『조선시대 서학 관련 자료 집성 및 번역·해제 2』, 경인문화사, 2020, 226쪽).

54 코페르니쿠스 우주론의 핵심은 우주의 중심이 지구에서 태양으로 옮겨간 것이다. 지구를 포함한 모든 행성이 태양을 중심으로 공전하고, 지구는 자전축을 중심으로 하루에 한 바퀴 자전을 한다는 것이 그 요체이다. 그런데 이것은 프톨레마이오스 이래의 전통 우주론을 부정하는 것이었고, 교회에서도 이단으로 간주했다. 지구가 우주의 중심이 아니라고 한다면, 완전무결한 하늘의 세계와 변화무쌍한 땅의 세계 사이의 엄격한 구별이 더는 의미를 지니지 못하기 때문이었다. 반면에 티고 브라헤의 우주론은 프톨레마이오스의 그것과 코페르니쿠스의 그것을 혼합한 모델이었다. 우주의 중심에 지구를 놓고 지구를 중심으로 태양과 달이 회전하되, 오행성은 모두 태양의 둘레를 회전한다는 것이 티고 브라헤의 우주론이었다. 예수회 선교사는 우주의 중심에 지구를 놓은 티고 브라헤의 우주론을 지지했고, 케플러의 우주론도 지구 중심 체계로 고쳐서 청에 전했던 것이다. 이와 관련해서는 오민영, 『청소년을 위한 동양과학사』, 두리미디어, 2007, 224-229쪽 참고.

55 『大典通編』卷3, 禮典, 生徒, "觀象監. 天文學二十. 〈續〉加二十. 地理學十五. 〈續〉減

五. 命課學十." 삼학(三學) 전공별 생도 정원은『서운관지』도 이와 동일하다.

56 『삼력청완천록』에서는 영조 18년(1742)부터 순조 24년(1824)까지 완천자 590명의 명단을,『본청완천안』에서는 순조 25년(1825)부터 철종 11년(1860)까지 완천자 267명의 명단을,『삼력청완천안』에서는 고종 9년(1872)부터 고종 30년(1893)까지 완천자 346명의 명단을 각각 확인할 수 있다. 다만,『삼력청완천록』에는 완천자의 이름과 부친의 이름, 완천 연월만이 간략히 기록되어 있고,『본청완천안』과『삼력청완천안』에는 본관과 사조의 관력, 보거인(保擧人) 즉 추천자의 이름도 함께 적혀 있다. 이에 대한 자세한 설명은 박권수, 앞의 글, 2019a, 295-300쪽 참고.

57 『三曆廳完薦錄』(서울대학교 규장각한국학연구원, 古5120-136) 3頁, "文應奎, 甲子二月日薦, 父百齡."

58 19세기 전반 관상감 완천자의 나이는 평균 16.5세였고, 19세기 후반에는 13.9세까지 낮아진다고 한다(박권수, 앞의 글, 2019a, 300쪽).

59 박권수, 앞의 글, 2019a, 301쪽.

60 성주덕 엮음,『서운관지』, 이면우 외 옮김, 소명출판, 2003, 43쪽 참고. 이하 완천에 관한 서술은 대체로 이를 따랐다.

61 영조 3년(1727) 5월에는 신임 관원 한유(韓游)가 회자를 거부하여 먼 지방에 정배(定配)되는 일도 있었다(『英祖實錄』 卷11, 3年 5月 25日(庚辰)).

62 『三曆廳憲』(서울대학교 규장각한국학연구원, 古大5120-133), 30a, "完薦三巡內, 限二不許入爲齊"; 同書 30b, "完薦時, 設有不當塞而塞者, 三巡之限切勿違越." 완천의 삼순 제한은 사대부 관료의 인사 청탁에서 벗어나 공정성을 지켜내기 위한 장치이기도 했지만, 동시에 관상감 중인 관원이 끝까지 지켜야 했던 인사권에서의 마지막 방어선이기도 했다. 완천의 삼순 제한이 갖는 의미에 대해서는 박권수, 앞의 글, 2019a, 310-316쪽 참고.

63 『三曆廳憲』, 30b, "完薦時, 設有不當塞而塞者, 三巡之限切勿違越. 雖領事提調分付, 三巡見塞, 則以見塞稟告, 又或因分付, 不得已加巡, 切勿毀二不許入之式爲齊."

64 『三曆廳憲』, 46b, "若有永塞者, 則薦主施以木五定罰事."

65 『大典通編』卷3, 禮典, 諸科, 陰陽科, "陰陽科天文學, 則本學生徒外, 勿許赴."

66 『世祖實錄』卷38, 12年 1月 15日(戊午); 조승구, 앞의 글, 55쪽.

67 음양과 천문학 전공 시험과목은『경국대전』→『속대전』→『대전통편』이 거의 동일했다.『속대전』에 임문(臨文) 과목으로 미상의『천문역법(天文曆法)』이 추가된 것 외에

는 동일하다.

68 안상현, 「조선 초기 步天歌와 天文類抄의 성립에 대한 연구」, 『한국우주과학회지』 26(4), 한국우주과학회, 2009a, 621-634쪽.

69 안상현, 「1792년에 출간된 새로운 步天歌에 대한 연구」, 『한국우주과학회지』 26(4), 한국우주과학회, 2009b, 603-620쪽. 『서운관지』에서 소개하고 있는 『보천가(步天歌)』가 이 두 번째 『보천가』이다(성주덕 엮음, 앞의 책, 332쪽).

70 안상현, 「新法步天歌 연구」, 『한국우주과학회지』 26(4), 한국우주과학회, 2009c, 589-602쪽.

71 한영호·이은희, 「麗末鮮初 本國曆 완성의 道程」, 『동방학지』 155, 연세대학교 국학연구원, 2011, 55-70쪽.

72 전용훈, 앞의 책, 2017, 198쪽.

73 이남희, 「조선후기 잡과(雜科) 교육의 변화와 특성: 잡학 생도와 교재를 중심으로」, 『한국동양정치사상사연구』 13(1), 한국동양정치사상사학회, 2014, 59쪽.

74 성주덕 엮음, 앞의 책, 46쪽.

75 허윤섭, 앞의 글, 35쪽.

76 이남희, 「조선후기 잡과의 위상과 특성」, 『한국문화』 58, 서울대학교 규장각한국학연구원, 2012, 69쪽.

77 18세기 전반 관상감은 관원 급료도 제대로 지급할 수 없을 정도로 재정난이 심각했고, 음양과 응시자 수는 초시 합격 정원에도 미치지 못하는 실정이었다. 숙종 43년 (1717) 6월 9일(임진)에는 잡과의 식년·증광시 모두에서 초시 응시자가 법정 합격자 정원보다 적을 경우 초시 합격자 2명 중 1명을 복시에서 합격시킨다는 방침을 수립했는데(『承政院日記』, 502冊, 肅宗 43年 6月 9日), 영조 대 초에는 절반을 합격시킨다는 방침에도 구애받지 말고 합격할 실력이 되면 모두 합격시키는 쪽으로 운영되었다. 실제로 영조 원년(1725) 11월 26일(경신) 음양과 증광시 초시에서 4명이 합격했고, 복시에서도 4명이 고루 점수를 얻어(連劃) 모두 최종 합격했다(『承政院日記』, 605冊, 英祖 元年 11月 26日). 물론 이때도 관상감 늠료(廩料)가 변변치 못해 음양과 지원자가 매우 적은 것이라는 진단이 있었다. 그래서 영조 대에는 관상감 관원에 대한 처우 개선이 추진되었고, 이 연장에서 영조 26년에 관상감 겸교수 세 자리가 기존 사인(士人) 출신이 진출하던 자리에서 관상감 중인 관원이 진출하는 자리로 개편되었다. 아마도 이러한 처우 개선의 정책들을 배경으로 음양과 지원자 수가 늘어난 것으로 보인다. 이와 관련해서는

경석현, 앞의 글, 120쪽 참고.

78 『承政院日記』 1,337冊, 英祖 49年 閏3月 25日(甲申), "對曰, 譯學科難, 律學科易故也."

79 이하 음양과 설행 절차는 『서운관지』의 내용을 바탕으로 기술하였다. 『서운관지』의 음양과 설행 절차는 성주덕 엮음, 앞의 책, 47~56쪽 참고.

80 관상감 생도는 완천 과정에서 사조 및 보거단자를 이미 제출했기 때문에 초시를 볼 때는 별도로 사조 및 보거단자를 낼 필요가 없었고, 완천자가 아닌 지리·명과학 음양과 응시자만이 사조 및 보거단자를 제출했다.

81 통·약·조·불의 구분은 통은 틀린 것이 없는 경우, 략은 1분 이상 틀린 경우, 조는 10분 이상 틀린 경우, 불은 1도 이상 틀린 경우와 宮·星의 이름 또는 南·北 등을 잘못 적은 경우를 말한다.

82 『明皐全集』 卷16, 碑銘墓誌銘墓表, 「義盈庫主簿文君墓表」, "出爲咸興監牧官, 歸卽丁憂, 不勝喪卒, 乙未閏月二十九日也."

83 이기원, 「조선시대 관상감의 직제 및 시험 제도에 관한 연구: 천문학 부서를 중심으로」, 『한국지구과학회지』 29(1), 한국지구과학회, 2008, 102~105쪽, 【표 2】. 여기에서는 태조 원년부터 19세기 『대전회통』과 『육전조례』에 이르기까지 서운관 및 관상감의 직제 변화를 꼼꼼하게 정리했다. 다만, 산원직의 변화나 겸교수 제도의 정비까지는 다루지 않았다.

84 관상감 겸교수의 설치와 운용은 천문학을 잡기(雜技)로 여기는 오랜 사회통념 속에서 천문학을 진흥시키고 우수한 인재를 확보하기 위해 마련한 제도적 장치였다. 조선시기에는 천문학을 비롯하여 지리학(地理學), 의학(醫學), 산학(算學), 역학(譯學), 율학(律學) 등을 잡학(雜學)으로 분류했다. 잡학은 위로는 국가의 의례행사로부터 아래로는 대민(對民) 복지정책에 이르기까지 여러 방면에서 필요성을 인정받았지만 경제적 지위가 낮고 유학적 소양을 갖추지 못한 신분제 내의 하층민이 그 실무를 담당했던 까닭에 천시(賤視)의 대상이기도 했다. '제왕(帝王)의 학문'이라고 불렸던 천문학도, '업무'라는 측면에서는 기피 대상이었고, 이는 나머지 잡학도 마찬가지였다. 조선 정부에서는 잡학 분야의 성과를 위해 문관(文官)에게 잡학을 배우게 했지만, 그들은 잡학이 유자(儒者)의 학문이 아니라며 거부했다. 잡학의 가치는 인정했지만, 실무 담당자를 통해 진흥시키면 되지 유교·주자학에 봉사하는 문관이 잡학을 전문적으로 익힐 필요는 없다는 것이었다. 여기에는 양반으로서 실무자=신분제 내의 하층민과 함께 잡학 관련 업무를 담당할 수 없다는 강한 신분의식이 내재되어 있었다. 집권체제를 정비

해 나갔던 조선 초기에는 이른바 '통유(通儒)'의 유자상(儒者像)을 만들어 과거에 급제한 젊은 문관에게 잡학을 학습하도록 했다. 세조 대까지는 습독관(習讀官)이나 겸수관(兼修官) 제도를 운영하며 젊은 문관을 잡학 관련 사업에 참여시켰는데, 세조 대 이후로는 관련 제도가 형해화되면서, 젊은 문관에게 잡학을 담당케 하는 일이 중단되었다. 그들의 잡학 참여가 소명의식에 따라 자발적으로 이루어졌던 것이 아니라 '국왕의 특명'에 의한 것이었기 때문에 근본적인 한계가 있을 수밖에 없었다. 중종 대 이후로는 더 이상 문관 출신에게 잡학을 맡길 수가 없었고, 대신 출사를 하지 못한 고령(高齡)의 사대부나 능력은 출중하나 과거에 응시하지 못하는 서얼(庶孼)이 잡학을 담당하게 되었다. 관상감의 겸교수직은 이러한 맥락에서 설치되었다. 조선 초기 잡학에 대한 인식과 겸수관(兼修官)의 운용에 관해서는 정다함, 『朝鮮前期 兩班 雜學兼修官 硏究』, 박사학위논문, 고려대학교, 2008 참고.

85 김양수, 「조선후기 中人의 지방관 진출」, 『국사관논총』 76, 국사편찬위원회, 1997, 185쪽. 출신 전공별 비율을 보면, 의관이 63.6%로서 전체의 약 2/3였고, 다음으로 역관이 20.3%, 산원이 6.5%, 화원이 5.5%, 운관이 3.1%, 율관이 1.0%였다고 한다.

86 기본적으로는 양반 사대부 관료와 양인 출신의 기술관 사이의 문제였고, 직능에 따른 기술관 간의 갈등도 있었다. 이에 관해서는 이남희, 『조선후기 의역주팔세보 연구: 중인의 족보 편찬과 신분 변동』, 아카넷, 2021, 37-51쪽 참고.

87 이규근, 「조선후기 疾病史 연구」, 『국사관논총』 96, 국사편찬위원회, 2001, 16쪽.

88 이훈상, 「조선후기 중인의 지방 파견제도와 그 실상: 심약·왜학·한학·화원·사자관·검률의 통·제영 파견에 관한 사례 연구」, 『대동문화연구』 113, 성균관대학교 대동문화연구원, 2021, 495-539쪽.

89 이하 감목관에 대해서는 남도영, 「마정(馬政)」, 국사편찬위원회 엮음, 『신편 한국사 24: 조선 초기의 경제구조』, 탐구당, 2003, 558쪽 참고.

90 『六典條例』 卷8, 兵典, 司僕寺, "監牧官九員從六品. 水原, 南陽, 興陽, 順天, 羅州, 晉州, 蔚山, 咸興, 濟州. 兼監牧官十一員, 江華草芝僉使, 長峯別將, 仁川永宗僉使, 東萊多大浦僉使, 海州登山僉使, 豊川椒島僉使, 長淵白翎僉使, 鐵山宣沙浦僉使, 端川府使, 穩城府使, 珍島府使."

91 『운관선생안』 등 일부 사료에서는 문광도가 문천 감목관을 역임한 것으로 확인되는데, 함경도에는 함흥에만 감목관이 있었고, 함흥감목관이 영흥(永興)·문천(文川)·홍원(洪原)의 목장도 겸하여 관리했다(『典律通補』 兵典, 外官職, 監牧官, "咸一, 咸興. 兼管永興·文川·

洪原"). 그런데 함흥감목관이 문천으로 옮겨가게 되었고(『大東地志』卷19, 咸鏡道, 文川, "〔牧場〕四訥島場【咸興監牧官, 移在于此】, 馬島場"), 이런 사정에서 함흥감목관을 문천감목관으로도 불렸던 것으로 보인다.

92 『承政院日記』757册, 英祖 9年 2月 26日(戊寅).

93 『新補受敎輯錄』, 兵典, 外官職, "監牧官, 勿以士夫差除. 牧場所在籤僉使三窠, 太僕自辟差出, 而多有白徒, 僉使, 自兵曹各別擇擬, 如或不謹奉職, 則本寺隨聞論罪. 雍正癸丑承傳. 大明律不應爲事重, 杖八十." 『신보수교집록』은 숙종 후반-영조 초반의 수교(受敎)를 모아 편찬한 법령집인데, 지향하고 있는 내용 중 하나가 바로 음서(蔭敍) 출신의 실력 검증이다. 이전까지 실력을 검증받을 기회가 없었던 음서 출신들의 실무 능력을 확인하고서야 외방의 목민관 등으로 나갈 수 있도록 인사절차를 체계화한 사례가 확인되고, 이것은 점차 신분 위주의 관료사회 진출보다는 능력 위주로 사회발전 방향이 변화되고 있었다는 사실을 보여주는 것이라고 할 수 있다(김백철, 「朝鮮後期 英祖初盤 法制整備의 성격과 그 지향: 《新補受敎輯錄》體裁를 중심으로」, 『한국학』32(2), 한국학중앙연구원, 2009, 232쪽].

94 자벽이란 각 종사관이나 별장·군관 등을 이조와 병조의 의망을 거치지 않고, 사신·원수, 각 군문이 스스로 가려 뽑아 쓰는 것을 말한다.

95 『英祖實錄』卷68, 24年(1748) 10月 22日(癸卯); 同 11月 5日(乙卯).

96 『經國大典』卷1, 吏典, 京官職, 正三品衙門, 觀象監, "掌天文地理曆數占算測候刻漏等事."

97 대략 양력 11월 27일에서 이듬해 4월 14일 사이. 성주덕 엮음, 앞의 책, 83쪽.

98 대략 양력 9월 28일에서 이듬해 3월 25일 사이. 성주덕 엮음, 같은 책, 83쪽.

99 대략 양력 9월 28일에서 이듬해 3월 30일 사이. 성주덕 엮음, 같은 책, 83쪽.

100 성주덕 엮음, 같은 책, 80쪽.

101 성주덕 엮음, 같은 책, 79쪽.

102 아쉽게도 『풍운기』는 현재 전하지 않는다. 20세기 초의 일본학자 와다 유지(和田雄治)는 조선총독부 관측소에 보관되어 있던 1740-1904년까지의 『풍운기(風雲紀)』를 직접 보았다고 했고, 영조 24년(1748, 건륭 13년) 10월 16일 자 『풍운기』 기록을 사진으로 찍어 자신의 연구 보고서에 실었는데, 현재 전하는 기록은 와다 유지가 보고서에 남긴 사진 기록이 전부다. 와다 유지, 『조선기상관측기록조사보고』, 김일권 외 옮김, 민속원, 2020, 74-81쪽 참고.

103 『천변초록』이나 그 원자료라 할 수 있는 『천변등록(天變謄錄)』 역시 와다 유지는 보았

다고 했으나 현재는 전하지 않는다. 같은 책, 81쪽 참고. 한편, 현재 연세대학교 도서관에는 『성변등록(星變謄錄)』이라는 고서가 있다. 『성변등록』에는 세 차례의 혜성 관측 기록이 수록되어 있다. 「雍正元年九月 星變謄錄」, 「乾隆二十四年三月 星變謄錄」, 「乾隆二十四年十二月 客星謄錄」이 그것이다. 「雍正元年九月 星變謄錄」은 경종 3년(1723) 9월 21일 밤 1경에 여수(女宿)에 나타난 혜성을 10월 17일까지 27일 동안 관측한 기록을 모은 것이고, 「乾隆二十四年三月 星變謄錄」은 영조 35년(1759) 3월 5일 밤 5경에 위수(危宿)에 나타난 혜성을 3월 29일까지 25일 동안 관측한 기록이며, 「乾隆二十四年十二月 客星謄錄」은 영조 35년(1759) 12월 23일 밤 1경에 헌원(軒轅) 자리에 나타난 객성을 이듬해 1월 3일까지 11일 동안 관측한 기록이다. 한편, 기상청에서 발행한 '한국기상기록집 ③' 『(관상감이 기록한) 17세기 밤하늘』(기상청, 2013)에는 1661년, 1664~1665년, 1668년의 성변등록이 수록되어 있어 참고된다.

104 성주덕 엮음, 앞의 책, 86쪽.

105 『承政院日記』 1,303冊, 英祖 46年 4月 20日(丁卯).

106 『承政院日記』 1,305冊, 英祖 46年 閏5月 7日(壬子); 同 8日(癸丑); 同 11日(丙辰).

107 전용훈, 「역과 역서」, 『하늘, 시간, 땅에 대한 전통적 사색』, 국사편찬위원회 엮음, 두산동아, 2007, 118-119쪽.

108 이하 조선 후기에 간행한 다양한 종류의 역서에 관한 내용은 허윤섭, 앞의 글, 23-28쪽을 참고했다.

109 『頤齋亂藁』 卷9, 丁亥(1767) 12月 8日(戊辰), "方今觀象監二十四員, 無一人能算交蝕者, 相與聚合祿料, 以爲文光道衣食之資, 借手惟算, 渠輩則備員而已. 文光道年今丁未生, 若無此人, 則交蝕一節, 將無推算者矣."

110 『承政院日記』 1,053冊, 英祖 26年(1750) 2月 3日(丙子).

111 영조 대 보루각과 흠경각의 보수에 관해서는 구만옥, 앞의 책, 2015, 112-118쪽 참고.

112 『承政院日記』 989冊, 英祖 21年(1745) 8月 4日(癸卯), "韓翼謩, 以觀象監官員, 以領事·提調意啓曰, 我國曆法, 旣用時憲之書, 則至若蒿漏, 亦當用新法, 而以未及學來之故, 不得已仍循舊法, 更籌常多舒急之異, 時刻仍有初正之變, 言念挈壺之職, 殊極可憂矣. 本監官員安國賓, 於上上年入燕時, 彼中新法中星記及五夜排時之法, 求得以來, 故令監官與漏官, 輪直於漏局, 攷驗新法事, 草記蒙允. 自上年之秋, 至今年立秋, 逐節測候, 下漏攷時, 則舊法已差十度有餘, 而一一驗合於新法. 國賓今又參以古方, 證諸新法, 撰出漏籌通義一冊, 其法極爲縝密, 自今以此行用, 監官之輪直測驗, 今已周歲, 無所差

式, 今姑停罷, 何如. 傳曰, 允." 정조 13년(1789) 관상감 관원 김영이 편찬한『누주통의』
와 구별하여 이때의 것을 구본『누주통의』라 하고, 정조 대의 것을『신법누주통의』라
한다(남문현,『장영실과 자격루』, 서울대학교출판부, 2002, 206쪽).

113 『承政院日記』1,106册, 英祖 30年 閏4月 17日(丙寅), "且晷漏新法, 未及學來, 仍循舊法,
故更籌常多舒急之異, 時刻仍有初正之變矣. 甲子年安國賓·金兌瑞赴燕時, 新法中星
記及五夜排時之法, 求得以來, 仍令安國賓·李世淵·金兌瑞等, 輪直禁漏, 考驗天度事,
草記蒙允. 始自甲子年立秋日, 逐夜測候, 下漏考時, 則一一驗合. 安國(賓)等, 以古方證
諸新法, 撰出新法漏籌通義一本, 今方行用. 在前如此有勞之人, 例有加資之規, 監官員
論賞時, 同時譯官, 亦有一體論賞之例. 此監官員安國賓李世淵金兌瑞金大成, 譯官卞
泰禧, 竝宜有加資之典, 而係干恩賞, 上裁, 何如. 傳曰, 竝加資."

114 『英祖實錄』卷81, 30年 閏4月 17日(丙寅).

115 구만옥, 앞의 글, 2010, 336쪽.

116 『기하원본』이나『수리정온』등의 한역 서양 수학서에는 기하학(幾何學)과 대수학(代數
學) 분야의 서양 최신의 수리과학이 소개되어 있었다. 서양의 수리과학은 17세기 초
예수회 선교사를 통해 중국에 전래되었다. 예수회 선교사는 18세기 중엽까지 한 세
기가 넘는 기간 동안 근대 유럽의 기하학과 대수학, 천문학, 측량, 기계 제작에 관한
문헌을 한문으로 번역했고, 기하학적 도법을 사용한 회화 및 세계지도를 그렸으며,
자명종, 망원경, 프리즘과 기타 광학 도구 등 다양한 기물(器物)을 중국에 소개했다.
수리과학은 이러한 지적·문화적 적응을 거치며, 국가의 경영과 사대부의 문화적 생
활에 필수적인 지식과 활동으로 자리 잡게 되었다. 수리과학의 쓰임새는 천문학에만
국한되지 않았다. '사물의 도수(度數)'를 다루는 거의 모든 학문과 분야에 수리과학이
활용될 수가 있었다. 특히, 서양 수리과학을 바탕으로 하는 청(淸)의 '도수의 학문'은
유학(儒學)의 실학(實學), 즉 경세치용(經世致用)에 쓰일 실용적 지식과 기법으로 정당화
되었다. 이상의 논의는 임종태, 앞의 책, 94-96쪽 참고.

117 임종태, 앞의 책, 114-115쪽, "중인들을 동등하게 대하는 양반들은 소수였고, 그나마
그들조차 수학의 영역 바깥에서 같은 태도를 일관되게 견지할 수 있었는지는 의문"
이다.

118 홍수헌의 부인이 이재의 큰고모였다.『陶菴集』卷50, 行狀 4,「伯姑貞敬夫人李氏行
狀」, "夫人, 吾王考議政府右議政府君諱翻之長子也. … 年十六歸于淡圃洪公[諱受瀗]."

119 주31;『推案及鞫案』卷23, 洪量海推案, "供曰, 量海父啓百, 卽先正李文正[李縡]之弟子,

渠[洪量海]則韓元震弟子."

120 『陶菴集』卷50, 行狀 4,「伯姑貞敬夫人李氏行狀」, "吾先君早世, 夫人語及愴慟. … 臨
歿無他語曰, 所恨不見吾弟耳, 其孝友之篤如此."

121 그리고 이숙(李翻)의 형 이상(李翔)의 딸도 홍수헌의 5촌 조카 홍우전(洪禹傳)과 혼인하
였다. 조성산, 앞의 책, 414쪽,【표 1】남양홍씨 홍계희 가계약도 및 417쪽,【표 4】우
봉이씨 이재 가계약도 참고. 그리고 홍우전의 아들 홍계희는 이재의 문인이었다.

122 『肅宗實錄』卷37, 28年 8月 19日(戊戌).

123 최영성, 『한국유학사상사IV』, 아세아문화사, 1995, 41쪽; 허권수,「도암 이재」, 한국인
물유학사편찬위원회 엮음, 『한국인물유학사 3』, 한길사, 1996; 이상익, 『한국성리학
사론 1』, 심산, 2020, 594쪽.

124 이간의 정치적 입장은 한원진 등 권상하의 다른 제자와 마찬가지로 강경한 입장이었
지만 이기론(理氣論), 특히 미발(未發)에 대한 견해 차이가 있었다. 그러나 이간은 이러
한 학문과 철학의 차이가 곧 정치적 입장의 차이로 확대되는 것은 경계했다고 한다.
이에 관해서는 나종현,「巍巖 李柬의 정치적 입장과 호락논쟁」,『온지논총』60, 온지
학회, 2019, 91-116쪽 참고.

125 『중용(中庸)』에서는 희로애락(喜怒哀樂)과 같은 감정이 '드러나지 않음'을 '미발(未發)'로
표현했다. 여기서 미발은 감각이 발동하기 전의 마음, 따라서 순수한 본연지성이 존
재하는 마음을 뜻하게 되었다. 이에 비해 감각이 일어나고 행동하는 중의 마음은 '이
미 발했다'는 이발(已發)로 대칭되었다. 미발과 이발에 대한 고찰은 마음의 본질을 깨
달아 중심을 잡고, 감정을 잘 다스려 조화로운 행동에 이르는 공부였다. 이에 관해서
는 이경구, 앞의 책, 92쪽 참고.

126 김준석, 『조선후기 정치사상사 연구』, 지식산업사, 2003, 382쪽.

127 이하 낙론계의 교육이념에 관한 서술은 권오영,「18세기 洛論의 學風와 思想의 계승
양상」,『진단학보』108, 진단학회, 2009, 201-202쪽 및 205쪽을 참고하였다.

128 『父師堅窩府君事實記』, 7頁, "年幾二十, 文理密察, 造詣精透, 凡諸從遊, 一切北面師
事之, 年德頗優者, 皆爲卓不可及."

129 『頤齋亂藁』卷9, 丁亥(1767) 12月 8日(戊辰), "京城中路[市井百姓之地處表著者俗號中路]文光
道, 曾經主簿, 能算交蝕者, 亦學算數於洪, 如幾何原本一書, 皆洪所敎, 而徐亦學於文
光道, 略有聞見云矣."

130 이하 『기하원본』에 관한 서술은 박권수,「기하원본(幾何原本)」, 동국역사문화연구소 엮

음, 『조선시대 서학 관련 자료 집성 및 번역·해제』, 경인문화사, 2020, 128-145쪽을 참고하였다.

131 『堅窩先生遺稿』卷2, 書, 「答文光道戊寅」, "刑家說, 古今諸書論之甚詳, 然僞書亦多. 眞贋相蒙, 非具眼者, 未易取捨, 取捨雖定, 必多觀名墓, 可以實得. 外此更無餘法, 唯在 用力之如何耳. 古人於天星, 秘惜不言, 而其實散見間出, 無有餘蘊, 只緣俗師, 不知分 別四家水法, 而妄合錯用, 所以繁駁迷人耳. 此嘗用些工夫, 皆有著落, 但恨地遠無由相 講"(전남대학교 중앙도서관, OC 4B1 건66ㅎ v.1-2).

132 『南平文氏族譜』卷6, 7頁, 百齡, "字大壽, 肅廟壬申生, 英廟戊寅終."『남평문씨족보』 는 1731년 신해보(辛亥譜)의 발간을 시작으로, 1995년까지 총 31차례 발간되었다. 이 중 문광도와 그 직계가 확인되는 족보는 1851년에 발간된 12권 12책 분량의 신해보 (辛亥譜)가 유일하다. 제4장에서 살펴보는 바와 같이 문광도의 형제와 조카가 정조 9년 역모 사건에 연루돼 처벌을 받아 족보에서 빼버린 것이 아닌가 여겨진다. 참고로 1851년에 발간된 『남평문씨족보』는 현재 전북대학교 도서관과 계명대학교 동산도서 관에 소장되어 있다.

133 『堅窩先生遺稿』卷2, 書, 「答文光道戊寅」, "然大暑, 靑囊玉尺定水城之相贅, 賴氏催官 卜朝流之吉凶, 金精卦例用放元辰, 金斗行經以布壞氣, 皆難偏廢, 亦不可合一特爲不 知者亂之, 雖徐氏兄弟之號稱專門, 亦肆胡說, 他尙何論, 雖然水法, 只管初代, 不關久 遠禍福, 如不可知則姑舍, 而從事形勢, 可以寡過耳."

134 『父師堅窩府君事實記』, 13頁, "甲申, 雲監不慣於交食推算, 齋咨官之受曆也, 私購燕監 所推考較符驗, 然後啓禀, 久成謬例, 至是彼中禁防之, 雲監憂惶, 使監生文光道問議, 父師曰, 此帶食也, 日出時, 未復圓者, 如柳葉. 遂算定, 及期以啓. 本監專推交食初也, 國人擧憂之, 卒如所測無差, 上喜賞文光道."

135 『世宗實錄』卷158, 「七政算內篇」下卷, 第五, 交食, 日食, 求日出入帶食所見分, "視其 日日出入分, 在初虧已上, 食甚已下, 爲帶食."

136 한영호 외 옮김, 『칠정산내편 I: 해와 달, 다섯 행성의 천문학』, 한국고전번역원, 2016, 100쪽.

137 안영숙 외, 『조선시대 일식도(日食圖)』, 한국학술정보, 2011, 44-45쪽.

138 『同文彙考』, 原編, 卷43, 日月食 1, 【丁丑】禮部知會日食咨, "朝鮮卯初一刻帶食一分 十五秒出地平卯初二刻復圓." 묘초 1각에 대식이 1분 15초 진행되고 지평선에서 나와 묘초 2각에 복원되었다.

139 김슬기, 「18세기 중반 조선 일월식 계산의 새로운 기준으로서 청나라 일월식 자문」, 『한국과학사학회지』 42(1), 한국과학사학회, 2020, 65-95쪽.

140 조성산, 앞의 책, 290-291쪽; 권오영, 앞의 글, 218쪽.

141 이와는 조금 다른 해석도 있다. 즉, 홍계희의 수리와 상수학(象數學)에 대한 생각이 유형원의 중화주의적인 맥락과 무관하지 않았다는 것이다. 상수학은 수로 우주와 자연을 설명하는 학문인데, 유형원은 북송(北宋) 대 소옹(邵雍)이 체계화한 이 성리학적 자연관을 중요하게 보았고, 소옹의 상수학에 관한 초기적 이해를 주자적인 이기심성론의 구도 안에서 결합시킴으로써 수리를 의리(義理)의 범주와 구체적으로 연관시켰을 뿐 아니라, 그런 학문적 토대 위에서 경세론을 제시했다는 것이다. 그리고 홍계희 역시 의리와 수리, 수리와 경세론의 관계를 유형원의 방식대로 설정했던 것이고, 이런 점에서 수리 혹은 상수학에 대한 인식의 유무를 경세론이나 명물도수의 학문과 직결시켜 생각할 필요는 없다는 것이다. 이에 관해서는 배우성, 『독서와 지식의 풍경: 조선후기 지식인들의 읽기와 쓰기』, 돌베개, 2015, 256-257쪽 참고.

142 구만옥, 앞의 글, 2010, 339-340쪽.

143 가령, 사관(史官) 이의철(李宜哲)은 "〈홍계희의 양역변통법(良役變通法)은〉 나라를 망하게 할 술책이다. 어디서부터 이러한 의견이 나왔는가? 지금 국가가 유지해가는 것은 오직 명분(名分)을 정하고 유학(儒學)을 숭상하는 데에 힘입고 있는 것인데, 만약 이처럼 한다면 명분이 무너지고 수치스러움과 원망을 부르는 결과가 될 것이니 진실로 행할 수가 없다. 그리고 유생 중에는 빈궁한 자도 많은데, 베를 바치지 않는 자는 반드시 가두어서 하민(下民)과 같이 형벌을 가하겠다는 말인가? 이처럼 한다면 비록 베 천만 필을 얻는다고 하더라도 유교(儒敎)를 무너뜨리고 국가의 명맥을 해치는 화(禍)를 구원하지 못할 것이다"라고 하였다(『英祖實錄』卷70, 25年 8月 7日(癸未)].

144 조성산, 앞의 책, 311쪽 및 316쪽.

145 이밖에도 둘의 가까웠던 관계는 조선본 『서의(書儀)』의 간행에서도 짐작해 볼 수 있다. 북송 대 사마광(司馬光)이 지은 『서의』는 『가례(家禮)』의 저본이 된 예서(禮書)이지만, 18세기 중반까지도 조선에서 구해 볼 수 없었다. 그런데 18세기 중엽 홍계희가 북경에서 『서의』(1723년 간행본)를 들여왔고, 여러 학자의 교정을 거쳐 1767년 조선본 『서의』가 간행되었는데, 홍계희의 발문에 따르면, 조선본 『서의』의 간행은 족질(族姪) 홍양해와 그 친우 김응순(金應淳)에 의해 이루어진 것이라고 한다. 홍양해가 『서의』가 조선으로 전해진 지 수년인데도 간행되지 못한 것을 안타깝게 여겨, 경상도관찰사인

친우 김응순에게 간행을 부탁했고, 김응순은 이러한 요청을 흔쾌히 받아들여 경상감영에서 『서의』를 간행했다고 한다. 이상은 김윤정, 「18세기 조선본 《서의(書儀)》의 간행과 그 예학사적 의미」, 『국학연구』 33, 한국국학진흥원, 2017, 388쪽 참고.

146 구만옥, 「朝鮮前期의 算學 정책과 교육」, 『인문학연구』 11, 경희대학교 인문학연구소, 2007, 102-105쪽.

147 구만옥, 앞의 글, 2010, 328-346쪽.

148 정민, 『18세기 조선 지식인의 발견-조선후기 지식 패러다임의 변화와 문화변동』, 휴머니스트, 2007, 85-109쪽.

149 정은진, 「奎章閣 書吏 金德亨의 삶과 문예 고찰」, 『대동한문학』 76, 대동한문학회, 2023, 185-220쪽.

150 『貞蕤閣文集』卷1, 序, 「百花譜序」, "方金君之徑造花園也, 目注於花, 終日不瞬, 兀兀乎寢臥其下, 客主不交一語, 觀之者必以爲非狂則癡."

151 『安和堂私集』, "今有華山子金剛中(金德亨), … 身入內閣, 汨汨無暇, 抛棄書畵而公退之隙, 不勝技癢, 間間, 或書或畵者, 余往得見, 則頗有驚眼處矣"(임형택 엮음, 『여항문학총서 6』, 다른생각, 2007, 190-191쪽).

152 정은진, 앞의 글, 214쪽.

153 『貞蕤閣集』卷1, 序, 「百花譜序」, "人無癖焉, 棄人也已. 夫癖之爲字, 從疾從辟, 病之偏也. 雖然具獨往之神, 習專門之藝者, 率逞惟癖者能之."

154 정일남·최경옥, 「朴齊家와 蒲松齡의 癖痴觀: 百花譜序와 阿寶를 중심으로」, 『동방한문학』 80, 동방한문학회, 2019, 320쪽.

155 박권수, 「徐命膺(1716-1787)의 易學的 天文觀」, 『한국과학사학회지』 20(1), 한국과학사학회, 1998, 57-101쪽; 문중양, 『조선후기 과학사상사: 서구 우주론과 조선 천지관의 만남』, 들녘, 2016, 242-251쪽.

156 구만옥, 「《이수신편(理藪新編)》의 편찬과 내용 구성」, 『한국사상사학』 69, 한국사상사학회, 2021, 221-271쪽.

157 『明皐全集』卷8, 記, 「幾何室記」, "余嘗請於公曰, 道者, 形而上者也, 藝者, 形而下者也. 君子語上而不語下, 公之所好, 無乃不擇於術乎. 公曰, 然. 吾國無不知也. 夫道無形而易眩, 藝有象而難假. 吾非不好道也, 所惡名好道而實不道, 幷與所謂藝者而無得焉爾."

158 『湛軒書』外集, 卷6, 籌解需用, 外編下, '測量說', "盖天者萬物之祖, 日者萬物之父, 地者萬物之母, 星月者萬物之諸父也. … 乃終身戴履而不識天地之體狀, 是猶終身怙恃而

不識父母之年貌, 豈可乎哉. … 故欲識天地之體狀, 不可意究, 不可以理索, 唯製器以
窺之, 籌數以推之."

159 이덕성과 홍대용의 학문적 교류는 임종태, 앞의 책, 110-113쪽, 김영과 서유본의 학
문적 교류는 구만옥,「徐有本(1762-1822)의 학문관과 自然學 담론」,『한국사연구』166,
한국사연구회, 2014, 177-225쪽 참고.

160 『頤齋亂藁』卷12, 己丑(1769), 7月 23日(癸卯), "文光道京城中路 文百齡之子也 能明算理
又工寫字 出入大監宅 被眷久矣."

161 문중양,「조선후기 서양 천문도의 전래와 신고법 천문도의 절충」,『한국과학사학회
지』26(1), 한국과학사학회, 2004, 48-49쪽.

162 『保晩齋集』卷7, 序,「新法渾天圖序」, "圖起於象, 象明則圖明矣. 圖凡有二, 象亦有二,
堯典之曆象, 卽渾天象也. 而以天度中闊南北狹, 一惟圓鍾, 故圓鍾其形, 寫日月星辰
於表, 從外頫視, 此後世渾天圖所由起也. 周髀經之笠以寫天, 卽蓋天象也, 而以日月星
辰, 在天之裏, 人中處仰之, 若從外頫視, 則左者右右者左, 非復本然之體. 故倚蓋其形,
截去冬至日道之南, 容人自下窺視, 此後世蓋天圖所由起也. 二者雖同出於古, 然以象
測天, 則渾天蓋天一也. 而以圖擬天則蓋天之不如渾天遠甚, 何則, 象可使南北均狹而
圖不能, 然近北之星, 固如其度, 近南之星, 狹者反闊, 無以得其眞度, 而我國雲觀所傳
之圖, 卽蓋天圖也."

163 『保晩齋集』卷7, 序,「新法渾天圖序」, "余是之病, 欲參互二象, 折衷爲圖者久矣. 文生
光道精於曆數, 從吾兒浩修遊, 聞余言, 樂顯相其事."

164 『保晩齋集』卷7, 序,「新法渾天圖序」, "遂就黃赤二道, 各分南北, 使二極皆位於中而
不失其表裏之正."; 同 卷9, 雜著,「新法渾天圖說」, "而渾天圖, 分赤道, 南北二極, 皆居
中心."

165 『明皐全集』卷15, 行狀,「本生先考文靖公府君行狀」, "丁亥春, … 叙拜禮曹參判, 兼觀
象監提調."

166 『明皐全集』卷8, 記,「幾何室記」, "於是幾何之書, 又東出我國, 然文澁而旨奧, 亦未有知
其妙者, 近有文敎授光道, 獨得其宗, 與我伯氏參判公(徐浩修), 講明授受, 如徐公之於明."

167 『이재난고』에서 확인할 수 있는 문광도 관련 기록은 구만옥,「조선후기 과학사의 측
면에서 본《이재난고(頤齋亂藁)》의 사료적(史料的) 가치」, 이재연구소 엮음,『《이재난
고》의 문화유산적 가치와 활용 방안』, 흐름, 2022, 173-179쪽이 자세하다.

168 『頤齋亂藁』卷6, 丙戌(1766) 3月 15日(甲申), "正言(서호수)曰, 然則七曜表等文字, 想必迎

刃矣. 但鄙藏此册, 方借他人. 方今觀象主薄文光道, 精於曆算, 如日月交蝕, 非此人
莫能推步, 本監諸員, 無能及者, 方居于禁府近處典醫監洞, 此即借看鄙册者也. 年方
三十九, 吾亦從此人學算耳. 未知此人, 或可訪見否. 此人雖稱中路之流, 而才藝獨步,
不妨一訪矣."

169 『頤齋亂藁』卷6, 丙戌(1766) 3月 25日(甲午), "先訪徐正言浩修, 傳朴上舍小札. 其大人徐
令, 俄已出向莘村矣. 正言因言, 向來曆象考成[七曜表, 亦入其中矣], 果尋於文光道否. 余
曰, 彼旣非士夫, 則與之尋訪, 似涉如何矣."

170 『頤齋亂藁』卷6, 丙戌(1766) 4月 6日(乙巳), "更訪正言同話, 請見數理精蘊曆象考成等書.
正言曰, 向者, 說及文主簿光道矣. 今日其人適來, 欲一見之否. 因指之曰, 此文主簿也.
余畧與其人話, 因謂正言曰, 厥册終未可得見耶. 正言曰, 其册今在文主簿家矣. 文主簿
曰, 其册又轉借他人矣. 明日朝飯前, 如欲來訪, 則來也."

171 『承政院日記』1,281册, 英祖 44年 6月 17日(癸酉).

172 『承政院日記』1,275册, 英祖 43年 12月 22日(壬午).

173 아마도 문광도는 마테오 리치의 『기하원본』과 『수리정온』에 수록된 『기하원본』을 헷
갈려 이와 같이 언급한 듯하다. 마테오 리치의 『기하원본』은 6권 분량이고, 『수리정
온』의 『기하원본』은 3권 분량인데, 이름만 같게 별개의 저술이다. 이와 관련해서는
구만옥, 앞의 글, 2010, 310-312쪽 참고.

174 『頤齋亂藁』卷11, 戊子(1768) 7月 29日(甲寅), "是朝余出直, 向泮中, 歷訪文主簿光道于
禁府後洞, 卽典醫監洞西邊僻巷也. 聞其以金領相[致仁]別薦, 方爲天文學兼教授. 余語
及曆象說話, 因及幾何原本孤[弧의 誤讀]弦之說. 彼云, 此册六卷, 或作三卷. 方今桂洞洪
家及李上舍用休家有之, 誠至貴難得之書也. 洪州即洪量海, 又是一代算學之最也."

175 『頤齋亂藁』卷11, 戊子(1768) 7月 29日(甲寅), "余曰, 世有郭字敬[곽수경], 則有許魯齋, 有
利瑪竇·熊三發, 則有徐光啓·李之藻. 今尊於此學深矣, 亦有並世可對者乎. 彼笑曰, 少
也, 不無管見, 而今年四十二矣, 精神衰減, 何足論也. 余又云, 盤松坊李上舍駿祥之子
英玉, 曾語及尊云, 其人耿介不俗, 隱於閭井, 不獨象數之能究也. 彼云, 李碩士, 過奬
耳. 旣蒙左顧, 後日入直時, 謹當往謁奉叙也."

176 『承政院日記』1,198册, 英祖 37年 10月 13日(戊寅).

177 『英祖實錄』卷112, 45年 5月 1日(壬午), "日有食之."

178 『承政院日記』1,292册, 英祖 45年 5月 1日(壬午), "己丑五月初一日酉時, 上詣崇政殿月
臺. 親臨救食, … 上具翼善冠·淺淡服·烏犀帶, 乘輿出資政門, 步詣月臺俯伏. …"

174

179 『承政院日記』1,292册, 英祖 45年 5月 2日(癸未), "上曰, 日食算出, 誠是妙矣. 鳳漢曰, 聞有文光道者, 神算云矣. 上曰, 分付金兒瑞, 使之率待."

180 『承政院日記』1,292册, 英祖 45年 5月 3日(甲申), "上問光道曰, 爾能知算法乎. 試爲之, 可也. 光道指竹樻曰, 請以此器算之乎. 上曰, 可也. 算訖, 上曰, 算彼門之四方, 可也. 算訖."

181 『承政院日記』1,292册, 英祖 45年 5月 3日(甲申), "上曰, 安國彬[安國賓]亦知算法乎. 兒瑞 曰, 不如光道, 而亦多有知也. 鳳漢曰, 當今明於算法者, 光道士人洪良海也. 上曰, 誰 也. 鳳漢曰, 洪啓百之子也, 光道亦學於此人云矣."

182 『承政院日記』1,292册, 英祖 45年 5月 3日(甲申), "上命承旨書之曰, 因領事所奏, 特召 命算, 其果然, 許遠以後, 安國彬[安國賓]年過七十, 金兒瑞亦老. 李德星, 頃有特命陞資 者, 而今有文光道, 今問方兼敎授云, 特爲陞六, 令銓曹東班職, 待窠懸註調用."

183 『承政院日記』1,292册, 英祖 45年 5月 20日(辛巳), "啓禧曰, … 見今文光道, 得奉本監實 職除授之命云, 若使國中之人, 各稱其才, 得其職如此, 則國家治矣."

184 『承政院日記』1,293册, 英祖 45年 6月 19日(己巳), "文光道爲義盈主簿."

185 9월 29일 밤에 미상의 별이 서방(西方) 방수(房宿) 위에 나타나자 관상감은 옥당(玉堂) (홍문관) 5인을 측후관으로 삼아 번(番)을 돌며 숙직하여 측후하게 할 것을 주청했고 [『英祖實錄』卷113, 45年 9月 29日(戊申)], 10월 1일 서호수(徐浩修) 등이 측후관으로 성변(星變) 측후에 참여하게 되었다. 영조는 서호수를 불러 당시 성변에 대해 물었고, 이때 이덕 성과 문광도도 함께 입시하였다. 영조는 서호수에게 부친인 서명응(徐命膺)에게 금성 (金星)에 관한 난해한 문제를 물어 서계(書啓)하도록 했는데, 문광도와는 특별히 문답 을 나누지는 않았다[『承政院日記』1,297册, 英祖 45年 10月 1日(己酉)].

186 문중양, 「《東國·增訂·增補文獻備考》〈象緯考〉의 편찬과 영·정조대의 한국 천문학」, 『진단학보』106, 진단학회, 2008, 252쪽.

187 『明皐全集』卷16, 碑銘墓誌銘墓表, 「義盈庫主簿文君墓表」, "英廟在宥, 修明憲章, 編 東國文獻備攷, 而君以庶僚屢進對從容, 或不知晝漏盈而晨鍾鳴, 於是人皆榮君之遇而 識君之有也."

188 『承政院日記』1,301册, 英祖 46年 2月 12日(己未), "上曰, 觀象監官員文光道入侍. 光道 進伏. 上曰, 汝與徐浩修, 往審漏閣時, 浩修謄出舊來文書耶, 見其制而自述其文乎. 光 道曰, 自述矣. 上曰, 難矣."

189 『承政院日記』1,301册, 英祖 46年 2月 16日(癸亥), "以承傳色口傳下敎曰, 今日晝講爲之, 徐浩修與文光道, 往見景福宮簡儀臺, 晝講同爲入侍."

190 『承政院日記』1,301册, 英祖 46年 2月 21日(戊辰), "同日未時, 上御德游堂. 夕講, … 浩
修進前讀奏石刻序文, 命觀象監官員, 持天文圖入侍. 文光道入侍, 命浩修讀奏天文圖.
獜漢曰, 景福宮日影石刻, 同置于昌德宮觀象監好矣. 上曰, 好矣, 好矣. 命獜漢, 往景福
宮, 其石刻, 移置于觀象監而後, 來奏, 可也. 獜漢·浩修·光道先退."

191 김슬기, 앞의 글, 2020, 91쪽.

192 『承政院日記』1,303册, 英祖 46年 4月 18日(乙丑), "文光道進伏. 上曰, 日月蝕分野, 中
原與我國, 或有參差之事乎. 光道曰, 無參差之事矣."

193 『承政院日記』1,303册, 英祖 46年 4月 20日(丁卯), "上曰, 文光道在近則入侍, 不然則午
後入侍, 可也. … 上曰, 文光道入來乎. 文載曰, 入來矣. 上曰, 與雲觀入直官員二人, 推
算日蝕, 可也. 光道·東成·鼎德竝推算. 上曰, 相符乎. 光道曰, 不可一時盡爲推算, 而
只推算一條則相符矣."

194 『英祖實錄』卷114, 46年 5月 1日(丁丑).

195 『承政院日記』1,305册, 英祖 46年 閏5月 7日(壬子), "夜自一更至五更, 客星見於天市東
垣內, 形體大如木星, 色蒼白. 二更, 流出牛星下, 入南方天際, 狀如拳, 尾長三四尺許,
色赤."

196 『承政院日記』1,305册, 英祖 46年 閏5月 8日(癸丑), "上曰, 觀象監官員入來乎. 文光道·
安國賓進伏. 上曰, 星體與昨日, 何如. 天氣淸明乎, 有雲氣乎. 對曰, 月光橫射, 故星體
比昨似小. 且有雲氣, 不及昨夜之淸, 而今日則星躔少移, 出於天市之外矣."

197 『承政院日記』1,305册, 英祖 46年 閏5月 8日(癸丑), "仍俯伏曰, 予非爲測候, 實欲輸誠
於彼蒼, 彼蒼昭監, 若云有災於予身, 則何必深慮, 而爲國爲民, 實有無窮之慮, 何顧予
身. 旣有不吉之占於天文書, 而且誠意伯之所撰, 豈曰尋常, 而不動於聲色乎. 若非兵
火, 必有饑饉, 且彼國, 與我分野同焉. 彼若不安, 我國先受其害矣."

198 『英祖實錄』卷114, 46年 閏5月 11日(丙辰), "上曰, 客星一日移三十度, 何其太疾也. …
上命象觀監官員, 馳往南山, 測候後入侍, 文光道等歸奏. 星不可復見, 若非淪入地中,
必是消滅矣. 上曰, 其退也速, 或不無周而復始之慮矣. 安思一對曰, 彗則或有周而更見
者, 客星則不然矣."

199 『英祖實錄』卷114, 46年 閏5月 16日(辛酉), "文獻備考象緯考成. 上親受崇政殿, 賞編輯
堂郎有差."

200 『承政院日記』1,313册, 英祖 47年 1月 20日(壬戌), "文光道爲咸興監牧官."

201 정조 9년(1785) 2-4월에 있었던 홍복영 등의 옥사 사건을 말한다. 옥사의 핵심 인물이 홍복영이었던 까닭에 학계에서는 '홍복영 옥사 사건'으로 더 잘 알려져 있다. 다만 이 글에서의 관심은 이 사건의 정치적 맥락과 의미보다는 옥사에 가담했던 사람들이 공유했던 천문, 풍수, 지리, 음양 등의 참위적 지식과 진인(眞人)의 출현이나 전읍(奠邑) [鄭]의 흥기와 같은 예언이다. 특히, 당시 국문 과정에서 이러한 지식과 예언의 근거로 『정감록』이 거론된 만큼 여기에서는 '1785년 3월의 정감록(鄭鑑錄) 사건'이라 이르고자 한다.

202 배혜숙, 앞의 글, 177-223쪽.

203 반면 백승종은, 이 당시 홍복영은 평민 지식인 양형을 스승으로 삼고, 매사 양형의 지시대로 처신했다며, 이 사건의 핵심 인물은 홍복영이 될 수 없다고 평가하기도 했다. 이와 관련해서는 백승종, 앞의 글, 106쪽 참고.

204 고성훈, 앞의 글, 151-175쪽.

205 『正祖實錄』卷19, 9年 2月 29日(己酉), "前判書金鍾秀上急變. 訓鍊大將具善復請對, 奏曰, …."

206 김두공(金斗恭)은 김하재(金夏材)의 조카로 정조 8년(1784) 7月 29일에 巨濟府에 流三千里 安置된 상황이었다[『正祖實錄』卷18, 8年 7月 29日(壬午), "姪斗恭, 巨濟府流三千里安置].

207 『正祖實錄』卷19, 9年 2月 29日(己酉), "上曰, 俄聞金鍾秀之言, 汝其詳陳. 履容略陳梗槪曰, 臣以李瑮梁衡等謀逆情節, 欲上聞, 而臣無職名, 故無入闕陳達之路, 中路逢着重臣, 傳給凶書矣."

208 『正祖實錄』卷19, 9年 2月 29日(己酉), "御肅章門, 親鞫問金履容曰, …."

209 백승종, 앞의 글, 99쪽.

210 『正祖實錄』卷19, 9年 2月 29日(己酉), "瑮云, 有異人, 善觀四柱, … 瑮曰, 聞異人之言, 則來年以後, 盜賊四起, 而北賊先爲出來, 其後國將三分."

211 한편, 노론(老論) 시파(時派)의 당론서라 할 수 있는 『정변록(定辨錄)』에 따르면, 가장 처음 정조에게 고변을 한 김종수는 "내가 옥사를 보니 처음부터 끝까지 여러 죄수들의 언행이 모두 괴상하고 허무맹랑하여 실제가 없었다. 이율은 추잡하고 비루하여 홍복영의 재물에 욕심이 나서 사람들[문양해 등]을 시켜 소개한 것뿐이었다. 이율의 문서는 뇌물을 뿌려 청탁하지 않은 것이 없으니 침을 뱉을 정도로 더러운 일에 불과하였다." 라고 언급했다고 한다. 김용흠 외 역주, 『충역의 시비를 정하다: 《정변록(定辨錄)》 역주』, 서울대학교출판문화원, 2016, 82쪽 참고.

212 『正祖實錄』卷19, 9年 3月 23日(壬申), "供曰, 臣叔文光道, 自北道來時, 言, 烔采之深於易理, 梁衡亦以爲因其四寸烔老, 得與相親, 又以書札往復, 與之謀逆云."

213 『正祖實錄』卷19, 9年 3月 22日(辛未), "問曰, 汝知文光道乎, 供曰, 光道爲文川監牧官時, 以臣天文之故, 歷路相訪, 而仍爲相知矣." 그런데 이러한 일방적인 진술들만으로 문광도가 생전에 그들의 역모 정황을 알고 있었다고 단정하기는 어렵다. 문광도는 영조가 아직 재위 중일 때 죽었기 때문에 문광도가 역모를 사전에 인지하고 있으려면, 그들은 이미 정조의 즉위와 홍국영의 정치적 盛衰 등 향후 10여 년 동안 일어날 일들을 미리 예견하고서 10여 년 전부터 역모를 꾸몄던 것이라고 해야 한다.

214 『正祖實錄』卷19, 9年 3月 22日(辛未), "供曰, 在通川時, … 有名風水文哥來住云, … 與文哥相見, 則所謂文哥有二人, 一則年可五十餘, 一則年可二十餘, 而人物極淸秀矣."

215 이하의 서술은 고성훈, 앞의 글, 158쪽; 배혜숙, 앞의 글, 185쪽; 백승종, 앞의 글, 116쪽 등을 바탕으로 한다.

216 『正祖實錄』卷19, 9年 3月 1日(庚戌), "供曰, 壬辰癸巳年間, 臣兄璨, 爲順安縣令時, 臣過平壤. 金獻柱, 時在本官, 梁衡隨來, 故果爲逢見, 上京後, 親熟往來矣."

217 『正祖實錄』卷19, 9年 3月 16日(乙丑), "供曰, 梁衡, 以其能書之, 故爲臣之寫手矣."

218 『正祖實錄』卷9, 4年 2月 29日(戊寅), "噫, 洪樂純之罪, 卽國榮之罪也."

219 『正祖實錄』卷19, 9年 3月 23日(壬申), "深居九重, 雖未之聞, 而民心之動搖, 非一朝一夕之故, 況衡賊, 卽樂純樂彬家心腹親近之人, 而洋海之挈移杆城, 在於己亥九月云云, 卽樂純家顚沛之時也. 梁衡之往見洋海, 又在庚子二月云. 此樂純輩被罪之時也. 尤驗渠輩之兇計, 益肆於洪家失志之後矣."

220 『正祖實錄』卷19, 9年 3月 22日(辛未), "而文哥, 自嶺東, 移河東時, 以千金之財, 搬移以去, 故嶺東之人, 皆以富稱."

221 『正祖實錄』卷19, 9年 3月 29日(戊寅). 문양해와 홍복영의 결안(結案) 참조.

222 백승종, 앞의 글, 2002, 150쪽.

223 '술수(術數)'가 무엇인지 정의하기란 쉽지 않다. 흔히 점복(占卜), 점성(占星), 풍수(風水), 무속(巫俗), 방술(方術), 참위(讖緯) 등을 '술수 지식'이라고 하는데, 술수란 음양(陰陽)과 오행(五行), 역(易), 상(象), 수(數), 점술(占術), 방기(方技) 등을 아우르는 하나의 커다란 지식체계라고 할 수 있다. 이러한 지식체계는 기(氣), 명(命), 신(神)·신기(神氣)·신명(神命) 등의 개념과 결합되어 무속이나 점복, 신탁의 실천적 행위와 직접 연결되었고, 역·음양·오행·상·수의 개념을 활용한 '자연과학적' 지식과 활동을 모두 포괄한다. 술수의

정의에 대해서는 박권수, 앞의 책, 24-33쪽 참고.

224 박권수, 앞의 책, 2022, 218-222쪽.

225 임학성,「조선후기 호적 자료를 통해 본 경상도 무당들의 세습양상: 17-19세기 단성 현(丹城縣)의 사례분석」,『한국무속학』 9, 한국무속학회, 2005, 53쪽.

226 김효경,「조선시대 단성현 무당의 존재양상과 생활양태」,『민속연구』 34, 안동대학교 민속학연구소 2017, 279쪽.

227 서울대학교 규장각한국학연구원 소장(청구기호: 가람古398.3-M883).

228 박권수, 앞의 책, 2022, 249쪽.

229 『太宗實錄』卷33, 17年 6月 1日(乙酉).

230 『正祖實錄』卷19, 9年 3月 16日(乙丑),"問曰, 國祚編年, 與金履容酬酢時, 藏在汝家云, 然否. 供曰, 未嘗藏置家中, 而國祚編年, 則卽指鄭鑑錄等諸書也."『國祚編年』은 현재 전하지 않는다.

231 박권수,「曆書와 歷史: 조선후기의 象數學的 年代記書와 時憲曆」,『동국사학』 64, 동 국역사문화연구소, 2018, 47-88쪽.

232 박권수, 앞의 책, 2022, 257쪽.

233 『英祖實錄』卷50, 15年 8月 6日(庚辰),"時, 西北邊人以鄭鑑讖緯之書, 頗相傳說, 朝臣 至請投火禁之."

234 백승종,「18세기 전반 서북(西北) 지방에서 출현한《鄭鑑錄》」,『역사학보』 164, 역사학 회, 1999, 99-124쪽.